ELOGIO DEL PENSAMIENTO

seguido de

JACQUES DERRIDA, UN PENSADOR MONSTRUOSO

APERTURAS, 5

Juan Carlos De Brasi

ELOGIO DEL PENSAMIENTO

seguido de

JACQUES DERRIDA, UN PENSADOR
MONSTRUOSO

EPBCN
EDICIONES

Edita: © EPBCN — Espacio Psicoanalítico de Barcelona
Balmes, 32, 2º 1ª
08007 Barcelona
93 454 89 78
info@epbcn.com
http://www.epbcn.com

2ª edición: Febrero de 2019
Copyright © Juan Carlos De Brasi
De la presente edición: © Espacio Psicoanalítico de Barcelona, 2015, 2019
Maquetación: Josep Maria Blasco y Carles Fabregat
Portada: Fabián Ortiz, Carles Fabregat y Josep Maria Blasco
Diseño de la colección: Josep Maria Blasco y Carles Fabregat
Depósito legal: B-28293-2015
ISBN: 978-1519343468

ÍNDICE

¡Lejos de nosotros la funesta manía de pensar!

Profesores de la Real y Pontificia
Universidad de Cervera

Los libros son voluminosas cartas a los amigos

Jean Paul

SALPICADURAS

Titular

Se trata de un título y un subtítulo en ausencia cuya figura se disemina en los trazos de todo el ensayo.

El *elogio* no alcanza a figurarse, es más bien la desmesura del afecto que empuja al pensamiento sin cesar. Es la celebración de su alumbramiento, nunca la fácil alabanza del simulacro.

Desplegándose es la figura que antecede a cualquier régimen significante. Haciéndose mediante diferencias relevantes o distinciones apartadas de la mirada, clavadas en el cuerpo y en la vida que lo impulsa hacia un lenguaje todavía por venir, aunque haya llegado. Todo ello está presente más allá de cualquier presencia en el texto, *desplegándose*. Así el pensamiento irrumpe, crea y se recrea como tal en una continuidad que no desconoce las detenciones e interrupciones específicas. Pero, a la vez, mantiene en reserva a ese conjunto bajo el manto de lo *imperceptible*, que rehúye las certezas de la percepción y la representación.

La idea de lo *imperceptible* es quien evoca la ligazón con la promesa hecha en otra parte

¿Qué es una promesa?

Para mí, como la caractericé en un lugar que resuena en este:[1] es la obligación de cumplirla. Evi-

---

[1] *La problemática de la subjetividad. Un ensayo, una con-*

tarla o dejarla flotar libremente en el aire que la sostiene, implica negar las heridas que puede acarrear. Voluntaria o involuntariamente el desgarro o su sombra caen sobre la espera de quien la aguarda en vano.

No obstante, qué es la promesa además de una «obligación» clavada en su misma enunciación. En este caso particular un reclamo que el libro anterior (*Ensayo sobre el pensamiento sutil*)[2] le hace a éste y la despreocupada exigencia de llevar a cabo el compromiso *entre* dos textos cuyas temáticas —si existieran— siguen caminos paralelos, aunque se conectan manteniendo una independencia recíproca. Puede leerse uno sin haber frecuentado una sola línea del otro. Entretanto sus problemáticas se anillan fuera de toda percepción, de la roca de la obligación, el aguijón de la exigencia o el recuerdo del compromiso.

Inmediatamente surgirá la pregunta, ¿siempre es posible cumplir una promesa? Posible o imposible no hacen a su esencia. Son sólo sus circunstancias. La promesa es *cumplida* en acto, en el doble acto de su emisión y recepción.[3]

---

versación. Barcelona: EPBCN Ediciones, 2015 [Núm. 3 de esta colección — Ed.].

[2]Número 4 de esta colección. [N. del E.]

[3]La promesa específica y la necesidad de explorarla como acontece aquí, decía: «¿Qué sería entonces el pensamiento

Esta conjunción es su condición fundamental. Su *entre* es un pacto que alienta o alberga el peor de los desalientos: la presencia del otro como testimonio de confianza o desconfianza.

Promesa cumplida, más allá de los gustos y disgustos, acuerdos y desacuerdos, más acá de su realización. Sería un desacierto pensar que la no concreción o incumplimiento de una «promesa» puedan ser sus opuestos. Ellos son los meros antónimos a la promesa de diccionario, o sea, aquella que todavía sigue impensada. Por eso permanecen ajenos, más allá de su posible semejanza, al campo conceptual del «cumplida» de su enunciación.

Por otro lado, *pensamiento*, palabra expresa del título, es un exacto equivalente de *pensamiento a secas*. Es decir, vacío de apelativos, adjetivaciones, recogniciones o la obstinada ignorancia de seguir reduciéndolo a la representación. Modelaciones que, tradicionalmente, buscaron institucionalizar su cuerpo, corpus y formas de consistencia. Excesos cargados a la cuenta del pensamiento mismo.

---

sutil? Ante todo un proceso de pensamiento que requiere su fundamentación en otro momento y en un escrito a propósito» (*Ensayo sobre el pensamiento sutil*). Promesa clara, deslizada al pasar. Quizá, por eso pasó desapercibida. Su importancia es que en ella se juega un pensamiento que ronda y atraviesa este y otros textos de punta a punta.

Pero, todavía queda una esquirla de tiempo para reiterar lo más relevante. Entre ambos textos existe una estricta copertenenencia. Si uno instrumenta la *operación*,[4] el plegado que entraña el núcleo del pensamiento sutil, otro bucea en la modalidad de *pensamiento* que solicita esa mutua pertenencia. Un pensamiento al que lo signa una práctica, que no queda sometido a ninguna técnica, e irrumpe sin aviso, como pura imprevisión que altera y trastrueca cualquier elección anticipada.

A pesar de todo (vuelta a la necesidad de la *operación*) ya se debe haber instalado un malentendido, el que ambos son diferentes caras de la misma moneda. Uno no es sin el otro, aunque se constituyen desde la unidad plegada (enemiga acérrima de cualquier tipo de unificación o indiscriminación) que reclama la diferencia entre uno y otro. De ahí que deslindarlos y compenetrarlos es la garantía de su movimiento. Sin esa pendulación los invade la inmovilidad de los inventarios, no la movilidad de los inventos.

---

[4]La *operación* específica está caracterizada en el ensayo, citado en la nota anterior, como una «*operación* de deslinde de la diferencia y la complejidad en el ámbito de lo imperceptible». En ese caso la operación exploraba la desavenencia radical que existía entre la causalidad y la determinación. Ahora circula por otras sendas. Y, en el futuro, por las que volverán a ser siempre otras.

Al ser pensados desde la diferencia es notoria la dependiente independencia entre los escritos. Las perspectivas, los lugares donde se hacen los cortes, el estilo de cada uno, los modos de sus derivaciones y asociaciones, etc., difieren, sin que se deban excusar las notables modalidades de cada viaje. Por el contrario, ellas son el testimonio de que se mantienen vivas en un tiempo gerundiado, o sea, *viajando*. Fuera de este quehacer, *andando*, muestran un agónico gesto de existencia.

Si cualquiera al que interesara este asunto tomara otros rumbos y llegara a conclusiones cercanas o lejanas de estas inconclusiones no hará más que probar la gran riqueza que tiene la problemática del *pensamiento desplegándose* en sí mismo, mediante sus infinitas variaciones, a través de sus trazados y lábiles fronteras.

Apenas una convicción

Quizás impulsar los procesos de pensamiento, en la actualidad, sea una de las formas más eficaces de neutralizar relativamente la maquinaria exterminadora y las minuciosas operaciones de control global montadas por un enloquecido capitalismo tardío, que se retroalimenta en una circularidad atenta a las contingencias. Más peligroso en cuanto más se niega a morir, reviviendo con mayor plenitud, según sus insaciables apólogos, en cada una de sus devastaciones.

Acumula, en una escala desconocida históricamente, los bienes de los otros como propios, como *apropiados* a su desmesurada medida. Dispensa como ajenos los males *propios* de los despojados, inyectando en ellos su imperturbable locura.

El pensamiento surge, entonces, como un posible camino de *cura* de uno mismo y *cuidado* de los demás.

Observaciones a tener en cuenta

El pensamiento —sus caracterizaciones y singularidades— en estas elaboraciones no ocupa ni supone ningún rango jerárquico respecto de otras instancias con las que mantiene, según el caso, una marcada diferencia. Es más, no es extraño ver que muchas de ellas poseen una gran riqueza, mientras otras exhiben su miseria, de la que carecen los pensamientos aparentemente más sofisticados.

En el ensayo mencionado al comienzo sobre «el pensamiento sutil», desarrollé la diferencia radical e imperceptible entre causalidad y determinación, así como lo que surgía a medida que se desplegaba el proceso de diferenciación.

Lo habitual era considerarlas como *igualdades* que podían intercambiar sus funciones sin que fuera necesario ninguna explicación, o mejor dicho, la realización efectiva de un acto y su camino (*méthódos*). De ahí surge el *pliegue* entre pensamiento sutil y realizativo que se va desplegando en el libro y que una lectura veloz e ingenua atribuye a los intercambios adjetivos, a pesar de haber sido conjurados de entrada a los usos imprescindibles por quién en ese momento escritural estaba lidiando con(tra) ellos.

Una torpeza parecida es confundir, sin atender en absoluto las innumerables señales del texto, el pliegue que forma lo sutil-realizativo con un régimen de sinónimos. Cómo recurrir a ellos si, en mi caso, los concibo como lo igual imposible. De qué manera se puede aplicar a una palabra el *mismo*[5] significado que posee otra. En fin, ¿cuál sería el sinónimo de la palabra sinónimo? Seguramente no se trataría ya de una palabra, sino de una definición de cierta extensión, la cual no es un sinónimo.

Por otro lado, el término «equivalencia», usado en aquel escrito, de uno y otro concepto, que *va* de uno a otro, es un transcurso, un transcurrir incesante de lo que está nombrado como un «viaje», reiniciado en cada uno de los ensayos embarcados en la aventura paradojal de una libertad esclava de sí misma.

Ambos asuntos tienden a mostrar que el *tipo* de viaje y el *modo* de viajar con los que caracterizo a los ensayos sólo existen *viajando*. Es decir, son las variaciones (si se quiere, básicamente, en sentido musical) de una práctica que sólo es haciéndose.

Para finalizar con estas veloces observaciones, es preciso comprender que con lo que se ha *cumplido* es con la promesa anunciada. La misma era una

---

[5]Sobra indagar que los diccionarios, en su definición, establecen la falsa sinonimia entre lo *mismo* y lo *igual*. Se entenderá que no me opongo al uso necesario, aunque escolar, de los sinónimos, sino a los abusos que hacen de ellos las lecturas apresuradas.

exigencia indelegable para seguir caminando hasta donde den las fuerzas o donde espere un relevo significativo. Pero lo que aquí se niega de plano es que las cuestiones y las perspectivas abordadas se hayan *cumplido*. Es la diferencia entre ambos cumplimientos. Si fuera de otro modo el texto habría sido condenado a muerte y la promesa sería su verdugo.

De lo que se distancia este ensayo

Este viaje, acompañado de interminables musitaciones, transcurre alejado de cualquier *perifilosofía*. O sea, de las múltiples especies, formas, tipos o modos de filosofías que hubo en el curso de las peregrinas historias —sus periodizaciones, relatos y aspiraciones— de la filosofía. El pensamiento las rehúye, mantiene una prudente distancia con ellas. Reconoce el valor y complejidad de sus perspectivas, pero no comparte sus taxonomias de panteón, rotulaciones acabadas e inacabables confusiones, producto de meter a saco una tendencia o corriente bajo una categoría determinada.

Por el contrario, al ponerlas en movimiento su consistencia se indetermina y sus modalidades se *desterminan*.[6] Resulta imposible encarcelarlas. Aún recorriendo sus propios sueños de completud siempre aparece la fisura que la sobresalta, la huella impensada o el gañido que la denuncia.

Es entonces cuando algo se vuelve translúcido a nivel de pensamiento. Su pretendido sujeto (la idea, la sustancia, el pensador, etc.) desaparece y la inobjetable realidad que lo caracterizaba estaba invertida. Era el pensamiento *quién* requería un pensador donde *alojarse*, habitarlo, ser modelado,

---

[6]Sobre este vocablo me permito remitir al libro *Ensayo sobre el pensamiento sutil.*

modulado y trabajado por él, pero no reproducido por la llana atribución, sin matices, de su pura creación salida de la nada.

El pensamiento, sea cual fuere, rompe habitualmente con el espectáculo de la posesión intransferible, el «esto es de...», de la apropiación excluyente y de lo propio sin historialidad ni condiciones, en todos los aspectos, de producción efectiva. Después, sólo después, surgen las tendencias, corrientes, escuelas, diversas «encarnaciones», relaciones de poder e imposiciones que palidecen con el tiempo, la lenta o veloz desaparición del espectáculo por saturación y el bostezo incontenible de los más férreos discípulos ante los textos sacro-cerrados. A esto, y a lo que sigue, es lo que llamaría la ironía, la gran burla de cualquier pensamiento,[7] «superado» por un yo-pensador (*mi* concepción, *mi* teoría, *mi* doctrina, etc.) que, en realidad, ha sido desalojado de la propiedad, sin darse cuenta de que le daba existencia, cobijo y un cierto don de identidad. Todo en el momento, también imperceptible, en que había renunciado al propio curso del pensamiento, al sepulturero del yo.

---

[7] ¿Qué otra cosa reclama U. Eco en su *Obra abierta*? En el apéndice a la edición española del libro recuerda, «hemos sostenido de sobra, creemos, que la apertura, ..., es una constante de toda obra y no sabemos que significa "obra cerrada"».

Fraseo al paso—. Desearía resaltar, ligado a lo que vengo diciendo, un exceso que se ha vuelto el color descolorido del paisaje actual. La voracidad autodenominada «progresista» (término que no deja de ser irónico, puesto que el llamado «progreso» ya está de regreso) genera el mismo efecto de aquello que ataca con un furor simulado. Mientras denosta las formas capitalistas y neoliberales de incautación y saqueo (en realidad, meras consecuencias a una escala históricamente desconocida de acumulación de múltiples genocidios encubiertos) las reproduce en distintos micro niveles.

En un caso se aniquila la fuerza de trabajo —cristalizada en los productos y los ingentes capitales— y todo parece surgir de los mágicos efluvios de la posesión del totofetiche.

En otro la desposesión de un pensamiento, su falta de propiedad yoica y su real carácter colectivo, en cuanto se instala, circula y acrecienta desplazando cualquier apropiación personal, aunque los intentos sobren, se determina que pertenece de hecho a la comunidad y que queda a disposición de quien desee usarlo, manosearlo y desecharlo a su libre arbitrio.

Así, es esgrimida una libertad que termina desdeñando el esfuerzo y el trabajo mal calificado —reaccionarismo de los ufanos progresistas— de colectivo. ¡No!, el producto, la obra, surge siempre —

condiciones de posibilidad— en un medio colectivo, pero su realización es singular. Y *singular* es absolutamente lo contrario de *individual*, puesto que este último se reconoce como propiedad de x o y, en tanto que lo primero es una donación, una devolución singular a aquello que lo posibilitó.

¿Qué estoy remarcando? Que en el talante progresista y en la operación dinerario-acumulativa hay una semejanza sígnica y significativa, pues en ambas se niega el *trabajo*, sea considerado bajo el precio de la fuerza de trabajo o el a-precio del trabajo en sí. Y, de manera similar, en ambos existe la falta de una justa *referencia* al realizador, se trate de un grupo o de una persona.

En una palabra, ambos supuestos antagonistas son devotos creyentes de la producción en serie. Sólo que unos en *serio* están obligados a pagar patentes. Y otros patentizan en *broma* una patética y negadora concepción del trabajo intelectual y creativo en general. Por mi parte estoy convencido de que es ineluctable aprender a mirar para otro lado.

SUBRAYADOS

La amalgama cartesiana

La irrupción del discurso cartesiano transforma tanto el régimen de su lengua —el francés— como el modo de exposición escolástico, aunque conserve, casi completo, su andamiaje. A la vez que se aleja definitivamente del latín, le rinde homenaje a una forma de certeza (*veracitas Dei*) en su idioma vernáculo. De esta manera, sin proponérselo expresamente, sobrepasa el límite borroso que existe entre el pensamiento y la meditación sistemática, impregnada todavía de la compleja *meditatio* medieval y las resonancias místicas que van desde el pseudo Dionisio hasta Hugo de San Víctor, San Buenaventura y el misticismo alemán (Meister Eckhart, Heinrich Suso, Angelus Silesius, etc.)

Todo parecía indicar el rotundo triunfo del «ansia cartesiana», padecimiento angustioso donde el cuerpo tiembla y la respiración anhela la realización impostergable de aquello que la agita. Es decir, *la consecuencia de un proyecto único e ininterrumpido.*[8] Dicha «ansia» es la base afectiva del discurso único y una continuidad ligada a lo rectilíneo, el punto pensado en el trazado de una línea recta, in-

---

[8]Correlativo de su «mathesis universalis», o sea, de «una ciencia general que explica todo lo que se puede explicar que concierne al orden y a la medida, sin que se refiera a ninguna en particular» — *Reglas para la dirección de espíritu* (Regla IV).

suficiencia de la *continuidad* tal como la proclama lo «ininterrumpido» cartesiano.[9] Por ella el pensar es sometido a la necesidad de la inmediatez, su reglada claridad, distinción y la recurrencia a las pruebas (*essais*) metódicas concebidas «para conducir bien la propia razón y buscar la verdad en las ciencias», como reza el olvidado subtitulo del *Discurso del método.*

La compulsión a concretar, a toda costa y a cualquier costo, su proyecto lo empuja a confeccionar una especie de catálogo donde priva la indiscriminación. Así, Descartes inaugura, en la modernidad, una amplitud de sentido para caracterizar al pensar, que cabe pensarlo bajo cualquier estado. Esa actitud fundante sería, según mi apreciación, un modo de psicologismo anticipado. En las *Meditaciones metafísicas* y, posteriormente, en los *Principios de la filosofía* estipula, «Con la palabra "pensar" entiendo lo que sucede en nosotros de tal modo que lo percibimos inmediatamente por nosotros mismos: por lo tanto, no sólo entender, querer, imaginar, sino también sentir es lo mismo que pensar». Este pensar arroja por la borda, con la *certeza* que provee lo *inmediato*, precisamente al pensamiento en si mismo.

Como puede notarse la *duda* cartesiana ni siquiera lo roza. Sólo queda reducida al «método»,

---

[9]Más adelante lo reiteraré apoyando esta perspectiva.

la que por otro lado yace aplastada en una certeza inicial (Dios en cuanto infinito verdadero es incuestionable) fuera de toda duda.

Así cae la diferencia, limitada pero interesante para la investigación, que establecieron los antiguos entre ese «diálogo del alma por el camino de las preguntas y respuestas» (Platón, *Teeteto* y *Protágoras*, o su renovación del pensar como lo desarrolla en *El político*) o que «pensable significa aquello de lo cual hay un pensamiento» (Aristóteles, *Metafísica*) y no cualquier *sentir* ocasional.

Vuelvo, ahora, a dos testimonios que hablan de otro Descartes, el que golpea contra los sólidos muros construidos pacientemente con los ladrillos de la claridad y la distinción.

Uno surge de su epistolario. Se trata de una carta al diplomático francés Pierre Chanut (6 de Junio de 1647), quien lo presenta ante Cristina, la reina de Suecia. En dicha carta Descartes confiesa su ardor juvenil por una joven de su misma edad «que era un poco bizca» de «ojos extraviados». Esa pasión perduró sin ser tocada por el tiempo, al extremo que «mucho tiempo después, al toparse con personas bizcas, se sentía proclive a amarlas más que a otras personas».

Sabemos que el estrabismo produce un desdoblamiento de los objetos que intenta captar y los envuelve en una ambigüedad en fuga, fluida, acercando lo percibido a lo soñado. Esa vecindad obsesionaba a Descartes, se deslizaba imparable en su concepción de las pasiones y en el campo de la duda modélica de sus *Meditaciones*.

La primera de ellas es mirada, todavía, por la joven estrábica de la carta a Chanut, claro que ya no está personificada, sino bajo el rasgo de una especie de erotismo gnoseológico. Dice en la meditación inicial, «Cuando lo pienso con más detenimiento, veo tan paulatinamente que jamás se puede diferenciar por límites seguros la vigilia del sueño. Por eso quedo estupefacto, y este mismo estupor me confirma en la opinión de que casi estoy durmiendo» (trad. personal).

Lo borroso anida en el pensar cartesiano, de ahí que busque conjurar ese imposible en el marco metódico de una duda que, en mi opinión, se reinstala, cuando más se la desvanece en la guarida de la divinidad. Así, el mismo conocimiento queda mejor resguardado (enseguida vendrán los tratados probatorios) en lo real borroso que en la realidad clara y distinta.

Ahora, surge una pregunta que, repicando, nos introducirá en una región cuya enseñanza termina dirigiendo y evacuando aquello de lo que era nada más que su majestuosa puerta de entrada. Se trata del segundo testimonio y hace al *Discurso del método*.

En 1637 Descartes publica en Leiden su cono-cido *Discurso* en francés. Es un acto de arrojo que necesita justificar frente a la necedad acostumbra-da: ¿por qué no sigue escribiendo en Latín?[10]

La circulación de este texto ha seguido el ca-mino de la costumbre de ser editado en solitario, con un lacónico «es un introito a tres obras». Cuan-do, en realidad, los *essais* del subtítulo —*Geometría, Dióptrica* y *Meteoros*— son los tratados probatorios de que el método y su criterio de verdad funcionan

De este modo, una introducción, al funcionar de manera aislada de aquello que le permite ser tal, se vuelve una especie de fetiche y de mito formativo en una especialidad académica. La filosofía sindica-lizada determina que el preámbulo y sólo él perte-nece específicamente a su ámbito, mientras que los *introducidos* deben ir con la música a otra parte, sea al área de historia de las ciencias, a una biblio-teca del instituto de meteorología, a una de artes visuales o, simultáneamente, a todas partes.

---

[10]Contra la memez costumbrista se ve forzado a justifi-car al final del texto introductorio el uso vulgar de lengua materna. Ahí dice, «Y si escribo en francés, que es la lengua de mi país, en lugar de hacerlo en latín, que es el idioma usado por mis preceptores... Y en cuanto a los que unen al buen sentido el estudio, únicos que deseo sean mis jueces, no serán tan parciales a favor del latín que se nieguen a oír mis razones por ir explicadas en lengua vulgar».

¿Lo anterior dictará una *regla del método* para los formandos en el diseño de las carreras institucionales? ¿Prescribirá que deben conformarse durante su formación sólo con la introducción de algo que no les compete, porque la verdad, a la que apunta el *Discurso* referido, sólo se mueve en los ejes de lo claro y lo distinto? ¡Lejos de nosotros las tormentas, vientos y borrascas del saber!

Entonces, ¿el mencionado preámbulo será una mera introducción a la in-competencia?

Sin embargo la *Dióptrica* enseña de modo señero —cosa que no ocurre en su introito— el desfasaje entre la imagen y la expresión, por el cuál la primera no debe pensarse más como una *copia* de los objetos, a la manera tradicional, sino como una especie de *dibujo*, como esos «grabados que realizados con un poco de tinta depositada aquí y allá sobre el papel, nos representan selvas, ciudades, hombres e incluso batallas y tempestades», mientras que no existe ninguna similitud entre esas *figuras*[11] y las existencias concretas que nos representamos a través de ellas. Es, según mi opinión, una notable anticipación de los test de Rorschach.

Por otro lado, si quisiéramos atribuirle una semejanza a la imagen y los objetos de los que procede se trataría de «una semejanza muy imperfecta» ya

---

[11] J. F. Lyotard hace un interesante comentario sobre el particular en su libro *Discurso, figura*.

que de otra forma no se podría hacer una distinción pertinente entre el objeto y su imagen. Esto le cabe a todas las *figuras* que «para ser más perfectas como imágenes, e imaginar mejor a un objeto... no deben asemejársele».

Así estamos en plena *Dióptrica*, a un paso de la autonomía del signo[12] modelado en el lenguaje. Los «grabados» lo mismo que las «palabras» sólo pueden imaginar (representar) los objetos por los estímulos que movilizan al pensar. Por lo tanto hay que considerar que hay una variedad de cosas, además de las imágenes, capaces de estimular nuestro pensar; por ejemplo, los signos y las palabras, que no se asemejan de ninguna manera a las cosas que significan.

Pero, Descartes no da el paso que propone. Su esbozo de semiología y lingüística que podría haber formulado este émulo de la lingüística estructural y la semiótica del siglo XX, se queda simplemente con el *dibujo* de una ruta. Al igual que, en repetidas ocasiones, no se animó a transitarla. Es como el placer de caminar, atendiendo a lo que permanece a

---

[12]No está de más recordar que los *Elementos* de Euclides, texto que Descartes frecuentaba, comienza mencionando el signo (*semeion*) como una línea fundamental tirada para el desarrollo de su geometría. Y la geometría analítica de Descartes no le va a la zaga. Es más, puede proyectarse enteramente sobre la euclidiana.

las espaldas[13] más que al movimiento y al ritmo que permite avanzar, aún con el riesgo de los baches, esas cuencas sin ojos con las que un camino nos acecha desde abajo.

El otro gran postergado por el éxito del *Discurso* es su gran ensayo y prueba de continuidad tradicional. Los *Meteoros* retoma, con la fina intuición de estar corriendo un gran riesgo,[14] una tradición filosófica que culmina con Descartes. Antes de él todos los merecedores del nombre de filósofos —desde los presocráticos hasta él— incluían en sus enseñanzas, controversias o escritos, largas elaboraciones sobre los fascinantes meteoros, donde anidaba la ira de los dioses, el dios único o la esplendorosa fertilidad de la tierra. Después de su tratado nadie lanzó, en el campo académico, una sola idea más sobre esos sorprendentes fenómenos atmosféricos que atraviesan como un meteórico rayo la vida social y las variables estrategias estatales. Sea la política agrícola-ganadera, de importación y exportación, de vivienda y urbanismo, la política arancelaria o

---

[13]Por ejemplo cuando en la 3ª de sus *Meditaciones* sostiene que la *idea* es un cuadro interior que duplica lo existente imaginado (representado) por ella.

[14]El Cartesio tenía una aguda percepción para olvidar la *inmediatez*, ejercida en casi todos los dominios, cuando intuía que había en juego complejas tramas que auguraban futuras complicaciones. Por eso sugirió, sólo eso, que esta obra fuera publicada post-morten.

la relativa a los territorios prioritarios en el diseño
y prevención de posibles conflictos, incluidos los de
una guerra franca. En fin, las políticas de innumerables líneas de acción que hacen a las decisiones
de gobierno y al supuesto porvenir de una nación.[15]

En los *Meteoros* afirma su teoría de la continuidad a través de una cuidadosa elaboración de lo
que se entiende por «materia sutil» que se mueve

_____

[15]Una anécdota, casi desconocida, puede servirnos como
ilustración de las estrechas relaciones, nada anecdóticas, que
señalo; así como la importancia de los *Meteoros* para la formación de un pensamiento abierto, sutil y fluido.

Un día el primer cónsul vitalicio de Francia, Napoleón
Bonaparte, visita la Academia de Ciencia de Paris, saluda a
su director y maestro, P. S. Laplace, y hace lo mismo a su
paso con todos los asistentes a la sesión de discusión de las
producciones científicas de sus miembros.

Cuando llega al lugar del célebre biólogo naturalista J. B.
Lamarck lo mira severamente y con un tono de advertencia
lo apremia diciéndole que «vuelva a sus plantas (Lamarck
era una autoridad, comparable a las de Linneo o Buffon, en
la descripción y clasificación de los vegetales) y moluscos» de
los que habla en su *Filosofía zoológica* y que olvide sus deva-
neos meteorológicos. Napoleón sabía que Lamarck, además,
había escrito una serie de trabajos muy sustanciosos sobre
meteorología, sólo que en su animosa recriminación intuía
que la previsión del tiempo era un probable e insidioso ve-
cino de un desastre de guerra.

Ese día Lamarck, ya muy anciano, lloró sin consuelo. El
18 de Junio de 1815, bajo un diluvio, en un terreno fangoso y
resbaladizo, Napoleón perdió la batalla de Waterloo y años
después su vida en la prisión de Santa Elena.

a gran velocidad a través de los poros de los distintos cuerpos terrestres. Entre ellos hay infinidad de espacios, porque las figuras y tamaños que los caracterizan no poseen un orden ni ensamblamiento inmediatamente detectable como el que cualificaba al pensar.

Pero ello no autoriza a suponer la existencia del vacío. Descartes lo niega. De ahí la fluyente y envolvente *materia sutil*, sea en los vapores y exhalaciones, la salinidad del mar, los vientos, las nubes y nieblas, la nieve, el granizo, la lluvia o en el fascinante arco iris. Así, a través de ella, tratará de ir explicando todo lo que «en el cielo se ve o del cielo desciende» y de la misma forma de «todo lo que provoca una mayor admiración sobre la tierra».

Nuevamente el *ansia cartesiana* se instala, pero no se congela en reglas ni procedimientos formales, sino transcurre incesantemente sin detenerse en ningún punto o lugar. Fluir y fluir *entre* los cuerpos, hacer vibrar los ríos del alma, son las únicas modalidades que dirigen los imprevisibles torbellinos de la *materia sutil* y el pensamiento que la impulsa. Variaciones, aunque siempre de lo mismo, que retorna bajo fenómenos de infinitos dibujos.

Por eso, para terminar, esta especie de pasaje sustancialmente obligatorio por la travesía de Descartes, con la que se transforma el curso de su pensamiento y su permanencia en el nuestro. Quizás

el único, arriesgando todos los pronósticos, que deberíamos hacer llover sobre las escarchas del *Discurso*, las *Reglas* y *Meditaciones*. Con sus palabras,
de las que, quizá, sospechó sus consecuencias, como Lamarck no intuyó la de sus estudios, lo que se
debería pensar ahora es «la *materia sutil* que relle-
na los espacios existentes... y es de tal naturaleza
que no cesa jamás de moverse en todas direcciones
con gran velocidad, aunque no sea exactamente la
misma en todos los lugares y en todos los instan-
tes,...» (curs. mia). Aquí su pensamiento adquiere
las velocidades de las diferencias, no el reposo de
la igualdad amalgamada. Aquella «es un poco mayor sobre la superficie de la tierra que en la altura
del aire... y, ... es más alta en el verano que en el
invierno y durante el día que durante la noche.».

Sobre esa fluida *materia sutil* este otro Descartes, nocturno y olvidado, puesto al costado de las
memorias académicas, no tenía ninguna *duda*.

Lo diferente y alguna distinción necesaria entre pensamiento y pensar

Los subrayados responden a dos preguntas y puntos de partida extraños entre sí.

Uno hace a lo *diferente* que habita entre el pensamiento y el pensar, en la afinidad inexistente e ignorada en el uso de una gastada sinonimia.

Otro sólo esboza una *distinción*, límite que evita la fusión indiscriminada y los liga en una férrea copertenencia.

El último es el que posibilitará el uso futuro y las sustituciones, sin alterar ni forzar nada, entre ambos. Finalizado este capítulo el pasaje y el empleo de uno u otro podría ser totalmente fluido, precisamente porque la tenue distinción ya habrá sido hecha y la copertenencia establecida.

Por otra parte no nos ocuparemos de los discutibles asuntos sobre el origen del pensamiento (¿lo tiene?, ¿dónde, en los pensadores, en algún texto sagrado, en el sistema neuro-fisiológico?) y demás interrogantes, en el cual viene a jugar el papel de las falsas identidades con las génesis, operaciones y estructuras que lo incluyen como pariente de una familia putativa, sea en la atribuida a Piaget o en las numerosas evocaciones de tono bíblico.

Primera pregunta. ¿El pensamiento es similar o diferente al pensar? La costumbre y ciertas disci-

plinas autorizan la semejanza. Con ella acaba toda
cuestión o cualquier intercambio ¿Pero esto es así?
De hecho lo es en muchas orientaciones actuales y
del pasado inmediato. Sin embargo, al permanecer
este trabajo alejado de las consideraciones psicológicas, filosóficas habituales, etc., y sus territorios
profesionales, la diferencia con sus enfoques emerge
con bastante nitidez. No es ocioso impulsarla.

Los aportes de diversas escuelas y tendencias de
raigambre o corte psicológico (dejo de lado el psicoanálisis, pues tiene otras derivas) son indiscutibles,
aunque sea objetable la fusión identitaria que ma-
nejan. Casi todas ellas tienen como base al sujeto,
el individuo, la persona, según las nociones elegidas
como caracterización escolar, sello de la corriente a
la que se pertenece o particularidad que la distingue de las demás y comparte con sus semejantes.
Sin embargo, por otro lado, participan de una cierta unificación. Sea el sujeto, considerado en general,
el individuo o la persona (ignorando la pregnancia
histórico-conceptual de cada noción), se arranca de
los actos y operaciones que los definen como tales y
las realizaciones que intentan lograr la naturaleza
de tales procesos que siempre tienen modalidades
intelectuales. Y aquí surge la *diferencia*, arrasada
en esos universos disciplinarios, entre el *pensar* y el
pensamiento.

El primero es valorado (su valor es una constante) como una realidad efectiva volcada en las ejecuciones mentales, en una serie de fenómenos descriptibles de cuño neurofisiológico y diversos mecanismos psicológicos. En cambio el *pensamiento* no tiende a la aprehensión de objetos o estados fugaces. Los mal llamados «objetos de pensamiento» (en realidad se trata de conceptos complejos) no tendrían una constitución similar a la de los objetos conocidos, concebidos a la manera de los sólidos, perceptibles, sino serían formaciones «ideales», nada idealistas —salvo cuando son apresados en sus redes—, es decir, *objeto* de una construcción determinada. Jamás estarían *dados*, nunca serían *datos* fuera de la invención y producción que los *desobjetiviza*, más allá de la percepción, las imágenes y representaciones que son capitales para que haya un *pensar*. Sólo con esos ingredientes se instaura un determinado pensar. Obviamente el *pensamiento* también recurre a esos componentes, pero no es tal *por* ellos.

El rumbo señalado es el que han tomado las múltiples orientaciones —salvo una excepción— aún manteniendo la distancia que las separa. Los asociacionistas, behavioristas, estructuralistas y demás sostienen que el *pensar* está siempre ligado a ciertas actividades mentales. Sin embargo hay una disidencia fundamental. Para los aludidos el pensar va unido indefectiblemente a variadas representaciones, particularmente de imágenes; la vigencia de esta posición inunda uno de los cursos más *representativos* del pensar actual. Otra mirada, en solitario, afirma que el *pensar* rehúsa las imágenes y es tal «sin ellas», pues opera más allá de todo «contenido sensorial». Para ella sería un absurdo jivarizarlo en un contenido de ese tipo, sea de carácter volitivo, emotivo o imaginista.

La denominada *Escuela de Würzburgo* (O. Külpe, su fundador, J. Orth, el conocido K. Bühler, quién destacó, en su *Teoría del lenguaje*, que el mismo tiene más funciones que las simplemente representativas, y otros miembros menos nombrados) difiere radicalmente de las imperantes posiciones anteriores. Las investigaciones realizadas en su ámbito, perteneciente a los territorios de la psicología, filosofía, psicosociología y afines, revelaron que ciertos «estados de conciencia» (*Bewusstseinlage*) carecen de contenido sensorial y no pueden incluirse atropelladamente en dichos territorios. De este modo, sin ceder a la presiones y verosímiles en curso, manteniendo su empeño filosófico, psicológico y otros asociados, trascendieron hacia un *pensar* que desoyó los gritos de las sensaciones, imágenes y representaciones. Quizás, desoír, en este sobrevuelo, califique paradojalmente a un fino oído. No escuchar, en ciertas instancias, es la mejor forma de hacer emerger lo imprevisto y la invención.

Un último agregado. Sobre la *Escuela* citada se apoyó, sin apoyarla, el afamado W. Wundt (O. Külpe era su ayudante). En ella se cruzó de manera efectiva la psicología —de corte experimental— con la filosofía. Y, a fines del siglo XIX, feliz o infelizmente, quedaron enlazadas institucionalmente. Sus ecos, por la cercanía epocal, resuenan en el naciente psicoanálisis. Pero no sólo en aquellas áreas donde tuvo influencias probadas, sino en dominios paralelos, aislados de sus reverberaciones, aparecen ciertas semejanzas —abundan ejemplos— que hablan de una vecindad no buscada ni reconocida y de una frontera que las une separándolas en el vaivén de las paradojas.

Por otra parte —en función de ciertas vecindades— habría que hacer un desarrollo específico del concepto de «imagen de pensamiento» que genera G. Deleuze; así como las «imágenes que piensan» (*Denkbilder*) de W. Benjamin. Pero no es el momento propicio. En un caso, porque habría que poner en juego toda la *Lógica del sentido, Diferencia y repetición* y casi el conjunto de su obra. En el otro, el pensar, las marcas de la dialéctica, el problema del nombre, la figuración, el tejido de la narración, etc., que atraviesan a *Moscú, Weimar, San Gimignano, Sombras breves, Excavar y recordar, Al sol,*

Serie ibicenca, etc., existentes en esas «imágenes que piensan», *pequeñas joyas* —texto no publicado en vida de Benjamin— del pensamiento que las habita y les da sentido.

La razón orientadora

Segunda pregunta ¿El límite entre pensamiento y pensar, como se da en este texto, no es, a la vez que una distinción, el esquema de una copertenencia?

En el camino del pensar, con las modalidades que deslizaré, los descriptos quedan atrás, ya que el interés de ésta búsqueda circula por otras sendas, afines y también desafinadas como las que expondré fugazmente.

Hay entre pensamiento y pensar una frontera casi imperceptible y una ligazón implícita que, a menudo, la disuelve, como si nunca hubiera existido. Pero de pronto surge para volver a desaparecer o fundirse, armónicamente, en una legalidad que resonará más tarde en una ontología fundamental. Ambas, la regida por la «pura forma de la ley moral» (basada en un *deber ser* prácticamente *amoral*) y la que reposa en una ontología del «ser» —distanciado en abismo— de las ontologías de los «entes» u ónticas conocidas, utilizan de manera explícita o sobreentendida el concepto de *orientación*.

De forma manifiesta lo hace Kant en su escrito, *¿Qué significa orientarse en el pensamiento?* En este breve texto,[16] poco frecuentado, Kant lanza una

---

[16]Abarca sólo catorce páginas de su obra completa, *Kant's gesammelte Schiften*, vol. VIII, págs 133 a 147.

admonición a quienes pretenden sustituir la razón por otras desafortunadas elecciones, sea la «razón especulativa» o la «fe». Y, simultáneamente, hace una glorificación de la razón, «*no disputéis* a la razón lo que la convierte en el supremo bien sobre la tierra: el privilegio de ser la última piedra de toque de la verdad» (curs. mia).

He destacado esa advertencia porque remite al comienzo *de* y *a* su función de árbitro crítico de la polémica entre M. Mendelssohn y F. H. Jacobi que fue llamada «disputa sobre el panteísmo».

Ello viene a cuento porque en esa controversia surge el precepto de *orientación* que sirve de guía al texto de Kant. Y es Mendelssohn quién lo utiliza en sus *Horas matinales* y en la carta *A los amigos de Lessing*, elaboradas para refutar la acusación de Jacobi contra Lessing —autor del célebre *Laocoonte*—, donde éste supuestamente caía en un descarriado «panteísmo» por seguir al pie de la letra la doctrina de Spinoza sobre la sustancia. Escribirá a propósito una serie de cartas agrupadas bajo el título de *Cartas sobre la doctrina de Spinoza*. A ellas responde Mendelssohn en sus libros. Simultáneamente Jacobi saca de inmediato una contestación, *Jacobi contra la acusación de Mendelssohn sobre la doctrina de Spinoza*. De ahí surge el rótulo de «disputa sobre el panteísmo». ¿Pero que estaba en juego en Mendelssohn y Jacobi?

En el primero la máxima de *orientarse* necesariamente por el «uso especulativo de la razón». Para el segundo la tarea consistía en repudiar la doctrina «racionalista» y «criticista» (léase: básicamente spinozista y kantiana) y desarrollar su «filosofía de la fe» (*Glaubensphilosophie*).[17]

Dicha filosofía se contrapone al dogmatismo racionalista que actúa en la «sustancia única»[18] de Spinoza y, por eso, un racionalismo coherente acaba en el panteísmo e inevitablemente en el ateísmo.

Jacobi establece una diferencia tajante entre el *entendimiento*, de carácter discursivo, y la *razón*,

---

[17]También llamada «filosofía del saber inmediato», es decir, sin mediación de la razón. Hegel hace, en su *Enciclopedia de las ciencias filosóficas*, una crítica lapidaria de ese «saber inmediato» falto de despliegue y que «se sabe» a sí mismo de entrada excluyendo toda razón. A la vez, por ser una de las *condiciones* básicas que se señala en la última parte de este ensayo, el término alemán *Glaube* significa tanto fe como creencia. Por eso la concepción de Jacobi también podría llamarse «Filosofía de la creencia» (en el «saber inmediato»).

[18]Jacobi le atribuye equivocadamente, según mi apreciación, a Spinoza la idea de «sustancia única» (*Cartas sobre la doctrina de Spinoza*), mientras que Baruch despliega el concepto de sustancia *una*, no de sustancia *única*. La primera se proyecta a través de diversos planos, afecciones, modos, etc., hasta plasmarse en su expresión; mientras la segunda es un modo simple de exponer una forma reductiva de subjetividad, individual y aislada.

que es intuitiva (cosa que Kant rechaza de plano) e inmediata. Esto lo lleva a certificar que el conocimiento de la realidad se da de forma directa, sin las rebuscadas construcciones de un «sujeto trascendental» ni la reducción a una «razón práctica». Por lo tanto, el fundamento de la filosofía no es el discurso, sino la fe (a la que también llama creencia). Base misma de los conceptos y de toda certidumbre, pues «hemos nacido en la fe y debemos permanecer en la fe».

El texto de Kant opera en medio de esa contienda teo-filosófica para evidenciar que en tales *orientaciones* reina el delirio.[19]

Terciando, va a desarrollar su propio concepto de *orientarse*. Su significado más preciso sería el de encontrar, partiendo de un punto cardinal, los demás. Esto supone el «sentimiento» —así lo llama—

---

[19]Respecto a la posición de Mendelssohn comenta, «¿Quién hubiera podido pensar que esta declaración habría de resultar tan funesta... para el poder del uso *especulativo* de la razón en cuestiones de teología... sino que incluso la sana razón común, considerando la ambigüedad en que dejó el ejercicio de esta facultad en contraposición a la especulación (que soporta para Kant cualquier tipo de contradicción) correría el riesgo de servir de principio al *delirio* y al completo destronamiento de la razón? (curs. y agreg. míos). En relación a la de Jacobi afirma, «Por otra parte, mostraré que efectivamente es *sólo* la razón, no un supuesto y misterioso sentido de la verdad, no una *intuición delirante* con el nombre de fe, ...» (curs. mías).

de una diferencia en el mismo sujeto, la discriminación de la mano derecha y la izquierda, puesto que ninguno de los dos flancos muestra intuitivamente una diferencia notable. Aún teniendo todos los datos objetivos en mi poder —ubicar el Este a la derecha o a la izquierda—, sólo podré *orientarme* «geográficamente» poseyendo un fundamento subjetivo que me permita la distinción de los cuatro puntos cardinales. Así da cuenta del *concepto geográfico* del orientarse.

Sin embargo, él puede ampliarse a un *concepto matemático* del mismo, «orientarse en un espacio dado en general». Y, de éste, concluir en uno que radica «en el pensamiento, es decir, lógicamente». Ella será una tarea de la razón pura; razón orientada por el *deber ser* montado en una voluntad santa, autónoma o como se la quiera llamar, y regido por la «mera forma de la ley» más allá de cualquier contenido —justo o no— que se le pueda atribuir.

La abolición de esa *razón legisladora* sume cualquier posición en el «delirio» (que hoy sería catalogado como *fenómeno psicótico*), término que gusta usar Kant como todo «hombre común» y que «esos predilectos de la madre naturaleza la llaman (se refiere a la máxima por la cuál se anula la razón legislativa) *iluminación*» (agreg. mío).

Así, surge un interrogante casi obligado, «¡hombre de dotes espirituales y abierta actitud interior!... ¿acaso han considerado también lo que hacen y a dónde se va a parar con vuestros ataques contra la razón?».

Entonces, rodar por el despeñadero de la «libertad de pensar» es inevitable; así como su escala final, pasando por otras como la superstición, el descreimiento racional, o sea: el *librepensamiento* o «principio de no reconocer ya ningún deber».

De esta manera, la libertad de pensar se destruye a sí misma cuando pretende actuar ignorando las leyes de la razón, que monta su propia «glorificación» —como señalaba en un comentario inicial— sobre un pedestal de incienso y abstinencia. En otras palabras, de un humanismo sofocado bajo un momento legal, de una Europa congelada en las puras formas de las leyes que supo brindarse, en otros tiempos, con mayor fortuna. Sin embargo nada de ello quita la fuerza —y cierto tono de vaticinio— que tiene el pequeño gran texto de Kant. Su energía y precisión lo convierten en un antecedente que será tomado, con una perspectiva dispar, alrededor de ciento cincuenta años después. Es la que postulará M. Heidegger. De este modo es como el ser *orientador* bosqueja su rumbo.

Acontecer de la orientación por el ser

Heidegger conoce a fondo la obra de Kant,[20] a tal grado que su exploración minuciosa da por resultados el descubrimiento de una «ontología fundamental» como basamento de la misma y no de una novedosa «teoría del conocimiento» (a la manera de H. Vaihinger o los numerosos estudios de la revista —*Kantstudien*— fundada por él en 1896), como es costumbre en las interpretaciones sobre sus aportes. Pero esto no afirma ni supone una influencia directa, indirecta o la incautación de una problemática para parafrasearla con otros términos. La cuestión es mucho más compleja. Una mera comparación textual, además de insuficiente, nos dejaría anclados en el punto inicial. La conexión entre ambos pensadores, los que abordaron el asunto de frente, aunque con diferentes orientaciones, manifiesta la reverberación y copertenencia de concepciones afines y disímiles.

Heidegger se articula perfectamente con lo que me estoy preguntando. Para él es el ser, la extrema complejidad de este existenciario, quién *orienta*, más aún, dirige, ordena todo pensar que tenga sentido. Sentido reiterativo, dirección hacia sí mismo

---

[20] Algunas muestras son: *Kant y el problema de la metafísica*, *La pregunta por la cosa* y *La tesis de Kant sobre el ser*.

y hacia la doble *diferencia* sobre la que va construyendo lentamente, en el crescendo imparable de
una cierta conjugación llamada obra.

Desde el comienzo, siempre conservado, la diferencia abismal se instaura entre una «ontología
fundamental» (que indaga el fundamento de la *existencia*, su finitud) y una «óntica» (que se refiere
a los entes, sean tomados como objetos o categorías). El abismo es incolmable. No hay puentes ni
mediaciones que posibiliten el tránsito. El impedimento es «fundamental» porque la primera es el
fundamento, lo que funda, da sentido y orientación
directiva a la sucedánea. De otro modo se cae en
la ingenuidad y la veladura del ser cuando se dis-
paran las interrogaciones ónticas de las ciencias y
las disciplinas a las que garantizan, pues «en sus
exploraciones del ser del ente dejan sin dilucidar el
sentido del ser o el sentido de "ser"».[21] Así lo ontológico sería lo previo ignorado o concientemen-
te nulificado por las (in)distintas ónticas positivas
y sus especialidades —regionales— que llevaron a

---

[21]Ver *la pregunta por la técnica* y la imposibilidad de formular su esencia (Wesen) desde sus parámetros. Este texto
de 1949 ha generado abundantes escritos —a favor y en
contra— sobre la función de la técnica en nuestras socieda-
des y su rol central, abierto en múltiples dimensiones. Alie-
nante o elemento de progreso, su veda consiste en no poder
pensar —su esencia— desde ella.

Heidegger a estampar la máxima, causando un máximo escándalo, «la ciencia no piensa».

Sin embargo el pensador alemán no se propone despejar o exorcizar dicho escándalo, deja que permanezca como tal, «Dejémosle su carácter escandaloso».[22] Enseguida añade, sólo «como posdata, que la ciencia, no obstante, tiene que ver constantemente y en su manera especial, con el pensar». Pero esa «manera» debe tomar el rumbo de lo «auténtico». Sólo así será fecunda. Fuera de ello se tornará en todo lo contrario, inauténtica y estéril. La *autenticidad* es el impulso mismo del pensar

---

[22] Afirma en la primera de las veintiunas lecciones que da en la Universidad de Friburgo (durante 1951-1952) y que más tarde fueron compiladas bajo el título, *¿Qué significa pensar?* (Was heisst Denken). Nombre, según mi parecer, demasiado *significativo*. En su lugar sería más apropiado traducirlo por *¿Qué ordena (dirige u orienta) al pensar?* En el año 1952, en una conferencia para la Radiodifusión bávara, repite la tajante proposición con todas sus letras y una precisión que dejan de lado las lecciones bianuales. Ahí dice, «el fundamento de este estado de cosas está en que la ciencia no piensa. No piensa porque, según el modo de su proceder y de los modos de que se vale, no puede pensar nunca; pensar, según el modo de los pensadores. El hecho de que la ciencia no pueda *pensar* no es una carencia sino una ventaja...».

La ventaja consiste en que así puede profundizar e indagar, acorde a sus posibilidades, el campo de investigación a que está dedicada cada ciencia o disciplina. Por eso en su desventaja para «pensar» estriba la «ventaja» de su función.

heideggeriano, más allá de la creencia en que su tono sea unilateralmente existencial y siendo reducido, a posteriori, al «existencialismo». Nada más despistado del rumbo inicial, puesto que seguir en él es únicamente hacer «visible el abismo que media entre el pensar y las ciencias, y esto en calidad de insalvable. No hay aquí puente alguno, sino solamente un salto. De ahí que todos los puentes de emergencia y los puentes de los asnos que tratan de establecer un cómodo tráfico mercantil entre el pensar y las ciencias, sean un mal».

La cita, bastante amplia, es justificada —según mi apreciación— por las indicaciones que *comandan* el pensar en Heidegger. Los «asnos» no es un insulto tirado a la cara de una serie de obtusos que no entienden lo que está en juego, sino al colectivo de obstinados en negar la «diferencia ontológica» entre ser y ente. Por lo tanto designa a los agentes activos del «olvido del ser»; aquellos empeñados en mantenerse en el campo de la metafísica, soporte privilegiado de toda teoría óntica.

¿Y los «asnos» qué practican? Obviamente: «un cómodo tráfico mercantil» entre el pensar y las ciencias de referencia. El reino intermedio posee una conjura específica, la de los *necios*, que han inventado una disciplina particular llamada «filosofía de la ciencia» (G. Canguilhem ya la denomina «historia de la ciencia»), cuya tendencia marca

inequívocamente el destino de la filosofía, contri-
buir, siendo tal, al olvido del ser, de su verdad como
desocultamiento (*aletheia*) y ocultamiento epocales
para convertirse en la matriz de cualquier óntica regional o global y de cualquier ente —incluyendo los
extraterrestres— que se ponga a tiro.

De esa manera Heidegger señala que el mundo
social-histórico *ya*, en su peculiar facticidad, está
más allá de la metafísica, aunque, paradojalmente,
sumidos en ella, apresados por la técnica y vesti-
dos con el ropaje del cálculo. Trastocarnos en *cal-
culadores planificados* es, también, una exigencia
científico-técnica, no sólo un capítulo de la *Psicología de la personalidad.*

Sin embargo no existe una demonización de la
filosofía, las ciencias, las técnicas o las disciplinas
consecuentes que conforman el abanico óntico, sino
el embate a la pretensión de pensar y conocer desde
el ser como ser-representado. Es decir, partiendo de
la representación —aún cuando sea tomada como
«voluntad», «fuerza», etc.— del ser yaciendo es-
condido en los objetos, nombrados indistintamente
como cosas («en casa tengo muchas cosas guarda-
das», etc.), consolidando, así, el «olvido del ser».

Por otro lado hay que recordar que la desavenencia entre filosofía y ciencia no es privativa del
pensamiento heideggeriano. A partir del 1930 domina todo el panorama intelectual y las tendencias

que lo pueblan, donde se inscribe la hermenéutica,[23] el existencialismo, la filosofía de Husserl,[24] la posición de Ortega y Gasset[25] —quién dialoga con Heidegger—, la Escuela de Frankfurt e innumerables tendencias, tildadas, un poco a la ligera, de irracionalistas, espiritualistas o neoidealistas.

Un breve alto. Me gustaría resaltar dos aspectos del texto de Heidegger que cito en la nota respectiva. Uno hace a su decepción por la hermenéutica. En *Ser y tiempo* cree que la hermenéutica es un modo alternativo de exponer la problemática del ser, pero enseguida abandonó dicho supuesto, ya que

---

[23]Heidegger lanza el adagio que relanza —despúes de Dilthey— la hermenéutica moderna (Gadamer, Pareyson, Ricoeur, etc.). En su carta a Jean Beaufret, *Sobre el humanismo*, lo nombra claramente, en expresa relación con lo que vengo explorando, como un desnudo señalamiento sobre la condición del pensar, donde anuncia, «El pensar consuma la referencia del ser a la esencia del hombre. No hace ni efectúa esta referencia. El pensar sólo la ofrece al ser como aquello que le ha sido entregado por el ser. Este ofrecer consiste en que en el pensar el ser tiene la palabra. *La palabra* —el habla— *es la casa del ser*. En su morada habita el hombre. Los pensantes y poetas son los vigilantes de esta morada» (curs. mia). Esa frase hizo época. Le hace sentenciar a uno de sus seguidores más destacados —H. G. Gadamer— que «el ser que puede ser comprendido es lenguaje».

[24]Quién subraya de manera tajante, «una ciencia de hechos crea hombres de hechos».

[25]Ortega denuncia sin ambages, en su defensa de la filosofía, «el imperialismo de la ciencia».

el «horizonte hermenéutico» todavía estaba teñido por la reflexividad de la consciencia y, por lo tanto, inmerso en la metafísica. Así, es la misma filosofía la que cae en el universo metafísico. Por eso es preciso desertar de ambos reinos: la hermenéutica y la filosofía,[26] hacia los «pensantes y poetas», hacia los «vigilantes» de la «morada» donde habita el hombre y la palabra.

En la torsión que genera, el doble abandono del olvido puede, entonces, volverse recuerdo y el pensar ser —plegado efectivo—, orientado por la ceremonia de la palabra poética. Ahí, considero, es donde el pensar opera su pasaje de «adversario enconado de la filosofía, soporte de la ciencia y la técnica» a un *pensar conmemorativo*. La poesía, no empobrecida como un género literario más, será la «instauración del ser *con* la palabra».[27] Sus señales indicaran el camino del pensar, la *conmemoración* inquietante del ser en cada invocación.

---

[26]Véase al respecto *El final de la filosofía y la tarea del pensar*.

[27]Se podría caer en un error sin retorno si afirmáramos que la poesía es instauración del ser *en* la palabra. Se borraría la conexión fundamental y la confundiríamos, al modo de los abundantes *poetastros*, con un pasatiempo nominalista. En realidad los *poemastros* se confeccionan amontonando las palabras más difíciles de los diversos diccionarios, sometiéndolos a la ruina de un insufrible narcisismo.

Al comenzar este apartado resaltaba que una de las direcciones del pensar enfilaba hacia la «doble diferencia».

La primera se instala, valga la paradoja, en el abismo entre el ser y ente, con todas las derivaciones que apenas bosquejé, llamada desde el advenimiento del ser, «ontología fundamental».

La segunda mantiene en reserva a la primera y exige que hagamos una aclaración, donde reposa el pensar conmemorativo, para ambas. La «doble diferencia» no entraña dos procesos separados ni unidos a posteriori. Se trata de dos que son uno, de un *doblez* que sitúa la cuestión de la *identidad* (ver *El principio de identidad*), la copertenencia de hombre y ser, la inserción de la «palabra enigma» *lo Mismo (tó aùtó)*, donde concuerda, se pliega, lo diferente. Apunta Heidegger: «...porque la determinación "lo Mismo" —*tó aùtó*— yugula toda pregunta posible en relación con la pertenencia mutua de dos cosas distintas. Además porque la palabra ("conductora") "lo Mismo" no dice en lo más mínimo sobre según que perspectiva y desde qué fundamento lo distinto concuerda en lo Mismo. De ahí que *tó aùtó*, lo Mismo... es una palabra enigma» (agreg. mio).

Esa palabra es necesario mantenerla para abrir la escucha y transformarla en «digna de ser pensada», puesto que ahí se jugará la copertenencia entre hombre —como un ente entre otros— y ser. Y ella requiere una salida efectiva «del modo de pensar representativo».

La salida hay que entenderla como un salto abismal, sin puentes ni mediaciones. Tal «salto» propicia el encuentro entre hombre y ser; encuentro esencial «porque han pasado a ser propios el uno del otro desde el momento en que se ha alcanzado la puerta de entrada al dominio en donde esto sucede, acuerda y determina por primera vez la experiencia del pensar». Sólo, entonces, hay *pensar* en la mutua pertenencia, en el pertenecer *con...*, permanecer en ese salto donde lo otro no responde a mis representaciones ni cae bajo lo imaginario de sus designios, sino a una raigambre comunitaria donde se construye diaria y laboriosamente el *mismo* —nunca *igual*— destino común.

Por lo tanto es una pifia enorme la oposición excluyente —atributo de las lecturas esclerosadas— entre identidad y diferencia. Pero, a la vez, las lecturas señaladas, con una cierta ingenuidad y falta de prevención, se apropian del concepto de *pliegue* regido por el mandato de la representación, es decir convirtiéndolo en una entidad. Así se lo somete, como palabra de moda, al capricho de una óntica que imperó desde Platón hasta días muy cercanos a nosotros[28] bajo el olvido del pliegue.[29]

Como se ve, no basta con deslizar un término para estar pensando *en* y *con* él, sino que puede ocurrir justamente lo contrario.

Heidegger desarrolla más explícitamente su pensar sobre el pliegue (aunque lo viene haciendo desde su teoría de la verdad como ocultamiento-desocultamiento) en el ámbito del *pensar conmemorativo*, que cultivará hasta su muerte. No cabe duda de que es el pensador (acompañado, previamente, fuera de su marca por Hegel y Marx) después de Leibniz donde el pensamiento acerca del *pliegue* encuentra su morada. A ella, y fuera de toda sucesión —que hablaría de una superficie extensiva no plegada—, pertenecen el *despliegue* y el *repliegue*. De otro modo, si no estuvieran *ya* ambos, y no a posteriori, en el pliegue negaríamos a éste bajo los disimulos y escondrijos gramaticales creyendo que realizamos una operación fácil y sencilla, cuando en realidad efectuamos otra ajena al pliegue, donde queda disuelto e incomprendido de antemano.

---

[28]Hoy se reconoce, sin asomo de duda, que la misma realidad es un plegado interminable.

[29]Dice al respecto en *Moira*, «el ocultamiento de la caída y de la desaparición del pliegue domina de un modo tan esencial como aquello a lo que el pliegue se escapa en su caída. ¿Adónde cae el pliegue? Al olvido».

Ahora cabe hacer una breve elucidación. Hace rato, desde las páginas precedentes, vengo insistiendo en que ser y pensar, identidad y diferencia, etc., no se determinan por ninguna separación (binarismo) inicial, sino por una «doble diferencia», reiterada en la copertenencia, resonante en el doblez, y que concluye en su pensamiento sobre el pliegue. O, dicho con mayor precisión, del *doble pliegue* que juega a lo largo de toda su obra.

Uno es el pliegue (*Einfalt*) que va de lo indiferenciado, por distintas plegaduras, a lo diferenciado. Importando (de ahí la condición indispensable de la importación en los devenires del pensamiento) un término de la biología,[30] haciendo un paralelismo, la *epigénesis* o aparición de organismos y órganos que no están preformados correspondería al *Einfalt* heideggeriano. Mientras que la *preformación* estaría en relación con el pliegue que denomina *Zwiefalt*, que no transcurriría de lo indiferenciado a lo diferenciado.

---

[30] Así como se hace con tantos otros que después quedan incorporados a las lenguas vernáculas, a niveles especializados o no. Por ejemplo, *stress*, que proviene de la ingeniería de los materiales o *rizoma*, traído de la botánica, para nutrir en un caso los diagnósticos psiquiátricos y el habla popular, o en otro para que las «raicillas» vayan impulsando el enraizamiento del mismo pensamiento.

Ya no se trataría del plegado de dos cosas o partes, puesto que todo pliegue lo es de dos elementos, sino de un pliegue «entre-dos».

El primero —*Einfalt* o pliegue sencillo— diferencia y se diferencia desde lo indiferenciado. Eso ocurre, dando un ejemplo, cuando en las teorías grupales (psicológicas, psicosociológicas, etc.) se parte de lo indiferenciado para llegar a las formaciones grupales, mediante una diferenciación acumulativa de distintos niveles de constitución.

Pero el segundo —*Zwiefalt* o pliegue de a dos— tiene en la mira a la *Diferencia* misma y su vaivén. Su despliegue y repliegue es incesante. Cuando uno de los lados se despliega el otro, simultáneamente se repliega. De esa misma manera —como diría A. Scala— funciona el desvelamiento y velamiento del ser, invocados constantemente por Heidegger desde sus comienzos.

Abreviando. El *Einfalt* habla de lo indiferenciado que va tornándose diferente. Pero la *Diferencia* fundamental no es su finalidad. En cambio el *Zwiefalt* no se refiere a nada indiferenciado. Su misión es mantener lo diferenciante de la diferencia. Remite sin pausa a la *Diferencia*, manteniendo siempre la tensión inicial *entre* las partes sin remisión alguna a la noción de lo *indiferenciado* como base del desarrollo por niveles.

El pliegue se instaura, de entrada, en la *doble pertenencia* de hombre y ser, ser y pensar, que se rebasan (*transpropian*, sería más adecuado, pero menos comprensible en castellano) recíprocamente, o sea, «adentrarnos en aquello que nombramos *Ereignis*», una «palabra conductora», intraducible, como lo son *Logos* o *Tao*.

Sin embargo la utilizaré tal como lo posibilita una cómoda e insuficiente traducción, la de *Ereignis* por *acontecimiento*.[31] Así lo autorizaría un cierto uso y, por qué no, el abuso de sinónimos («suceso», «evento») hasta la evaporación de la «palabra conductora» tornándola inconducente.

Sólo puede salvarnos, en el plegamiento de la mutua pertenencia, el salto al abismo, aunque «este abismo no es ni la nada vacía ni una oscura confusión...», sino que versa sobre el pleno acaecer de la mutua pertenencia.

Pero la palabra *Ereignis*, la que resiste a la traducción, ya no se deja reducir a lo que comúnmente llamamos acontecimiento. Por eso Heidegger la denomina *singulare tantum*, es decir, lo que consigna «acontece sólo en la unidad, esto es, ni siquiera un número, sino de modo único». A partir de ahí se transforma sustancialmente lo que se debe entender por «principio de identidad». Desde el surgi-

---

[31] Un modo inusual de elucidar el acontecimiento es el que hace Deleuze en su texto, *¿Qué es un acontecimiento?*

miento de la *palabra conductora* «quiere decir un salto exigido por la esencia de la identidad, ya que lo necesita si es que la mutua pertenencia de hombre y ser (ser y pensar, develamiento y ocultamiento, etc.) debe alcanzar la luz esencial del *Ereignis*» (agreg. y curs. mías)

Sin embargo, ¿qué ha ocurrido en esa sinuosa vía donde emerge el *acontecimiento de apropiación*? Lo siguiente: varía totalmente el principio y el concepto de identidad tomado como un enunciado sobre ella. Ahora debe ser comprendido como «un salto al origen de la esencia de la identidad».

Un pequeño desvío antes de volver al camino. Me incliné por seguir la traducción precisa que hace Joan Stambaug de *Ereignis* para la edición estadounidense de *Identidad y diferencia* donde reúne los dos sentidos de *Ereignis*: acontecimiento y apropiación. En adelante mi empleo simplificado de la palabra acontecimiento, supondrá el sentido de *acontecimiento de apropiación*, sin invocarlo de manera explícita. Lo especifico por única vez para normalizar su uso, sabiendo, valga la aclaración, que *Ereignis* se puede descomponer en el pronombre *Er* (el) que opera como prefijo intensivo en el neutro *Er* y el término *eignis*. En éste resuena de forma meridiana el adjetivo *eignen* (propio, propiedad, perteneciente a..., etc.) cuya polisemia y su familia terminológica es muy amplia.

Así queda, en parte, justificada la licencia de transcripción que hago del intraducible *Ereignis* a la forma coloquial y compartida de *acontecimiento*, lo cual habla de lo extranjero haciéndose familiar a través del rol insustituible de la traducción, más allá de que suene ocurrente, compleja o, a menudo equívoca, cuando no equivocada.

Retornando, entonces, constatamos que el acontecer es la transformación radical del pensar. Su movimiento anula las divisiones artificiales (p.ej. entre ser y pensar, pensar y actuar, sutil y realizativo, etc.) que tienden a sustituir el infinito devenir de los pliegues, sea en la esfera que fuere, por las convenientes parcelas territoriales.

Así, *identidad* no será ya el aborrecible sinónimo de *igual*, sino el habitat de *lo Mismo* (*tó aûtó*), también extraño a cualquier igualdad. Por el contrario será el ámbito donde el pliegue se despliega y repliega —recuerda y tensa sus lados—, también, en el pensar conmemorativo.

A través de sus imperceptibles desfiladeros circulan estibando su silencio, las palabras que lo alientan, sean las de Heráclito, Parménides, Platón, Aristóteles, Hegel, Nietzsche, Hölderlin, George, Trakl, Kreutzer, y un numeroso cortejo que las conduce hacia el atrio de la poesía como es localizada en el camino del pensar, no en los géneros, prisioneros de las clasificaciones.

Entonces, el pliegue, desde el giro (*Kehre*) que entraña el pensar conmemorativo, atraviesa los cuatro puntos cardinales de su obra. De esa forma deja atrás —paso necesario para realizar el salto—, pero en reserva, a *Ser y tiempo*. Monumento herido por el *tiempo* de su lenta consumación y *ser* objeto de reiterados ataques.

Recién con la conferencia de 1962 —*Tiempo y ser*— dada en la Universidad de Friburgo, su pensar es disparado con una fuerza inusitada, donde «el tiempo auténtico» será «tetradimensional». Este cuarto tiempo no es un agregado, por el contrario la cuarta dimensión «es la primera según la cosa, a saber, el privilegio (el tiempo como *don*) que todo lo determina» (agreg. mío). El privilegio consiste en *donar* en el porvenir, en el pasado y en el presente el estar presente que le es propio a cada uno, los mantiene claramente separados y los mantiene también juntos en la cercanía, de la cual quedan las tres dimensiones mutuamente cercanas en una cercanía acercante.

Heidegger recurre aquí a la *cercanidad* (*Naheit*), un término del alemán antiguo que utiliza Kant en su filosofía práctica y que recorre, asimismo, su posición epistémica. La «cercanidad» genera una mutua vecindad del porvenir, el pasado y el presente, a la vez que los aleja. Rehúsa y retiene simultáneamente en un solo movimiento. Así «mantiene de antemano, en su unidad, los modos del extender al pasado, advenir y presente».

La deriva que va realizando el pensador alemán en relación al tiempo atraviesa la problemática del dar[32] del don[33] y esa conjunción donde se da el tiempo y el ser.[34] En ese «Se da el tiempo» queda marcado, huella siempre de otra huella, el privilegio que ostenta la región tetradimensional del tiempo.

Derrida trabaja en profundidad[35] esa noción, acompañado de Heidegger, Mauss, Benveniste, haciéndolos girar alrededor de la temática del don, el donar, la donación temporal en diversos tiempos (del ser, del mundo, de lo socio-histórico, de la conciencia y lo inconciente, de la literatura y el registro monetario, etc.) que reiteran una y otra y otra vez su presencia en el huidizo, quizás inexistente, presente.

La insistencia del tiempo no es, ni pasa —a la manera de un transeúnte o un auto—, sino que «se dona», habla de la pertenencia esencial que mantienen (ese «entre sí» prometido y demorado) la ontología, la antropología, la economía política y una semántica que se proyecta más allá de la bús-

---

[32] «El tiempo no es. Se da el tiempo. El dar, que da tiempo, se determina desde la rechazante–retentiva cercanía».

[33] «Porque el tiempo sigue siendo él mismo el don de un "Se da"...».

[34] «Se da el tiempo. Se da el ser».

[35] *Dar (el) tiempo. I. La moneda falsa.*

queda afanosa de los significados hacia los signos de sí misma.

Es decir, de la raigambre común de aquello que ha sido separado, asignando territorios provechosa y artificiosamente distribuidos entre vastos intereses profesionales. Así, en el horizonte del don «el tiempo auténtico aparece como el *Se* o *Ello* al que nombramos al decir: Se da el ser». ¿Pero qué es lo que nombra ese «Se» donde se refugia el *tiempo auténtico*? Esto: un estar presente —presencia— del estar ausente ¿Fenomenología del tiempo? No hay donde apoyar esta atribución. Más bien se trataría de una onto-gramática, según mi enfoque, puesto «que al decir: "Se da el ser", "Se da el tiempo", no se trata, contra toda apariencia, de enunciados que estén siempre fijos en la estructura proposicional de la relación sujeto-predicado».

¿Cómo se da, entonces, la movilidad que altera las construcciones proposicionales normales? Mediante una torsión. Estamos nuevamente bajo el movimiento ínsito al pliegue, en el plano donde tiempo y ser se «pertenecen mutuamente». Y por ese plegamiento el ser opera como presencia (no estante o inmóvil) y el tiempo como lo abierto que no posibilita ninguna clausura en lo que ambos tienen de *propio*. Lo que tiene de propio no es más ni menos que su «recíproca copertenencia», un plegado de lo Mismo que los une y discrimina y que es nombrado por la *palabra conductora*: el acontecimiento (*das Ereignis*).[36]

Y lo que esta palabra menciona, «sólo lo podemos pensar ahora desde lo que se anuncia cuando se mira con ojo avizor al ser y al tiempo como destino y como privilegio, allí donde ser y tiempo tienen su tiempo y origen». Pero como el *origen* implica un «salto» —al que ya hice referencia—, pues él mismo es salto, la «y» de ser y tiempo no puede ni debe tomarse como una relación o una articulación de carácter reflexivo. Está «y» permanece caída de la representación. Se trata específicamente de un vínculo (copertenencia) indeterminado.

El viraje que hace Heidegger en *Tiempo y ser* posee dos finalidades muy claras, además de cumplir, de modo apretado, con la promesa de rubricar lo faltante en su tratado de 1927, *Ser y Tiempo*. Enseguida hablaré de ellas.

Ahora demos una pequeña doble vuelta. En principio no quise extenderme más de la cuenta, tarea que no corresponde a estos rápidos indicios, sobre la resistencia de *Ereignis* a ser traducido y que uso de modo abreviado como *acontecimiento*, aunque la explicación hecha con ese propósito ya lo mostró suficientemente.

En segundo lugar el *acontecimiento* es el ámbito donde se ofrece el tiempo y el ser propios del

---

[36]Recuerdo que fuerzo su renuencia a la traducción.

camino por el que deambula el *pensar conmemora-*
tivo, con el que tengo afinidades y distanciamientos, al igual que con el pensar cuestionador de la
ciencia y la técnica, es decir, del destino insito a
la metafísica, coronación de las concepciones sobre los entes.[37] Eclipsamiento del advenimiento del
ser, sólo concebido como unidad óntica y no como
acontecimiento-apropiación, propio y propicio de
su pendulación, de su ocultamiento-desocultamiento
según los ritmos historiales y epocales.

Cuando se da la postulación del tiempo como
don, esa originaria tetradimensión, quedan concre-
tadas las dos finalidades que venía invocando y ela-
borando, simultáneamente, Heidegger. Ahí resuelve en un «traer a la mirada al ser mismo como
acontecimiento. Sólo que lo nombrado con las palabras "el acontecimiento" (*das Ereignis*) dice enteramente otra cosa». Algo enteramente distinto a
«sucedió tal o cual cosa» o «asistí a un interesante
evento». La diferencia, siempre intraducible aunque comprensible, consiste en que el tiempo dona,
conmemora, lo que se destila del futuro hacia nosotros, o sea: el advenimiento del ser en la palabra
poética y en la de los pensadores. De ahí la obligada
memoración (ya re-memoración por ser repetida a

---

[37]Las afinidades ya las he señalado de manera expresa.
Los distanciamientos se podrán reconocer, nítidamente, en
la anteúltima parte de *Elogio del pensamiento*.

través del tiempo) y el *recuerdo* imborrable de las palabras fundamentales.[38] Este es el primer hito de su viraje, reiterado en la conferencia de 1952.

El segundo, realizado en la misma exposición, determina qué quiere decir pensar el ser «sin lo ente». La respuesta que da es terminante. Se trata de «pensar el ser sin referencia a la metafísica». Pero ello no significa *superar* a la metafísica (cuyo tronco es la filosofía y sus diversas ramas, que conducen a las ciencias y técnicas), sino *abandonar* la metafísica a sus avatares. De otra manera sería una mera carrera de relevos.

Para ir finalizando. Lo abismal (*Abgrund*) en el pensador alemán no es una figura espacial que podríamos captar en una representación determinada, porque es irrepresentable. Es lo que se da *entre*

---

[38]Nuevamente, incesante reaparición a tener en cuenta, los vocablos que usa Heidegger poseen una impresionante ramificación que él exprime hasta encontrar el punto al que deseaba llegar. Además es el momento oportuno —que en una nota anterior no fue consignado para evitar aglomeraciones innecesarias— para *recordar* que otra de las acepciones de *Ereignis* es la de efemérides, «conmemoración» en ese día del recuerdo de aquel día —no siempre con fecha cierta— donde la palabra esencial indicó su presencia. Es interesante apuntar que Hölderlin, «poeta de los poetas» para Heidegger, llama a uno de sus grandes poemas *Andenken* (recuerdo), que contiene el vocablo pensamiento (*denken*).

(*zwischen*) palabra y palabra que van formando los *pliegues* del ser y el pensar.

Es, también, la alegoría de un ojo ciego que mira el fondo insondable de una mirada perdida. De ahí que cualquier reducción (más aún de las «palabras conductoras») se convierta en un fracaso anticipado o en la urgencia trillada de hallar un chivo expiatorio, sean cuales fueren las razones de sus balidos.

Surge, de este modo, la pregunta ineludible, ¿entonces se trata de un pensar imposible o su imposibilidad es su misma e insoportable condición de existencia? Una respuesta... Otro dedo en alto: sólo rodeándolo y ejerciéndolo será posible un viaje seguido por otro, un tercero que anuncia un cuarto que se pierde en una serie inconclusa.

O, quizá, otra opción, que no va tanto a perdida, consistiría en saltar de palabra en palabra para llegar a un puerto sin barcos ni muelles, donde un remo que falta es la señal de que vamos a ser lanzados nuevamente a alta mar.

Hasta aquí llega esta especie de pincelada reconstructiva de un pensar cercano y alejado, resonante y disonante con el pensamiento que sostiene a estas líneas. Ello sólo puede advertirse en sus plegaduras e insalvables diferencias. Un pensamiento así es posible que funcione mejor cuando no se le impone ninguna *orientación*, aunque la utilice como señuelo y herramienta. Así, acontece *desorientado*,[39] impulsando sus mutaciones, buscando lo propio de él —no del *yo* de un supuesto *pensador*—,[40] evitando que lo propio, singular, se transforme en propiedad.

---

[39]Por esa razón se debe *encaminar*, sobre todo caminar, incansablemente por el sendero elegido. El auténtico «pensamiento a secas» es andariego.

[40]Me refiero a cómo se utiliza en la actualidad este nombre, al igual que el de *escritor*.

Ambos responden a necesidades curriculares y sobre todo editoriales. Es desde ellas que el «yo pensador», o «reflexionador», como sería más adecuado llamarlo, y el «yo escritor», a menudo «escriba» de algún sello o empresa, pueblan los *media* de todo tipo. Creo que a esto se referían Foucault y Deleuze cuando rechazaban tajantemente que se los llamara «escritor» o «pensador». De modo que, en este texto, aunque se usen ambos nombres ellos están fuera del significado que tiene en los *media* de distinto tipo, pues corresponden al sentido que van adquiriendo durante el desarrollo del ensayo.

Interferencias y virus del pensamiento.[41]
Diversos especímenes

Antesala del tratamiento

El pensamiento *a secas* cuestiona la difundida idea de que él pueda ser una propiedad del llamado *pensador* (nombre que acarrea hoy una cierta opacidad).[42] Por el contrario, éste recibe —insisto— *alojamiento* en lo propio desapropiado, carente de patrimonio, como pregonan la mayoría de las escuelas, corrientes, tendencias e individualidades que reclaman el pedestal de la originalidad.

Sin embargo, esto no niega, sino afirma, que el pensador o *pensante* (como los llamo de manera indistinta, lejos de denominaciones similares) construya, invente, singularice, algunos de sus cauces y deje marcas indelebles. De modo que nadie «tiene» un pensamiento, sino que una de sus líneas le incita, según sus pasiones, a crear o reabrir un nuevo curso en la médula de lo que parecía haber caído en un sueño de muerte o en la fantasía de una vida única y acabada.

---

[41]En esta parte es preciso tener presente lo que se dice en el fragmento *Observaciones a tener en cuenta* en el comienzo del libro (p. 9).

[42]Ver nota 40.

El tratamiento en curso

Hay un asunto pendiente que ha sido soslayado de manera constante o tomado como objeto de una solución sin problema. Dicha solución tiene carácter imperativo y se afianza en el campo de lo obvio. Las preguntas omitidas, que rehúyen cualquier obviedad, podrían ser: ¿es cierto que el ser humano realiza un proceso de pensamiento en cada uno de sus actos? ¿No será necesario discriminar ese proceso de otros especímenes? ¿Englobar las diferencias bajo el rasero de que «siempre estamos pensando» no es atribuirle a la eternidad del tiempo una generalización inadecuada? Estas omisiones, que denominaría «cartesianas», son víctimas del sentido común.

En ambos casos mi respuesta es afirmativa: es preciso el deslinde e igualmente la renuncia a la generalización.

Tales aseveraciones brindan, a la vez, la oportunidad de sobrevolar (un desarrollo pormenorizado requeriría un grueso tratado) las tres líneas que esbozaré hacia la finalización del viaje.[43]

---

[43] Configuran la penúltima parte de *Elogio del pensamiento* y llevan los nombres con que las apodé. La primera está tendida desde *La reflexión*. La segunda trazada por *El pensamiento como discontinuidad generalizada*. Y la tercera proyectada desde *El pensamiento como continuidad plena*. Pero, simultáneamente, esta última se bifurca en aquello

Ellas tienen y comparten el mismo convencimiento: no siempre se puede hablar de pensamiento, aunque se lo haga sin reparos. Es más, a menudo no se está pensando, sino que se trata de otros ejemplares condensados en la cláusula «pienso tal o cual cosa».

Se hallan bajo la mínima probabilidad de que dicho acto («pienso») pueda ser cuestionado, pues sonaría a una descalificación de la persona misma lanzar el interrogante ¿piensas? Entonces, sólo queda la evaluación del resultado —salida urbana—, o sea, si se está pensando bien o mal, de acuerdo, en desacuerdo total o en relativa discordancia.

Sin embargo, en el entreacto se ha deslizado una confusión naturalizada, de ahí lo escabroso para despejarla. Además, visto el asunto desde otro ángulo, los textos —manuales, diccionarios, vocabularios, etc.— especializados han contribuido a darle un tono de solemne confusión a lo que opera entre un «contenido mental», significativo o no, que rige cualquier maquinación humana, con el pensa-

---

que da un paso diferencial y que llamé *El pensamiento como continuidad plegada*. En el cruce de todas ellas, sus aportes conceptuales e instrumentales, se perfila que la línea seguida, objeto de constantes modificaciones, no es poseedora de *la* verdad ni tiene el carácter de única e indiscutible. Es decir, de un «fideísmo» más, soldado a los que rentabilizan la fascinación que ejerce la *pura fe*.

miento, aunque éste requiera ser comprendido desde otros parámetros.

Consideremos, entonces, una serie (podrían tomarse o añadirse otras que podrían ir desde las exploraciones mánticas y el determinismo más feroz hasta los acertijos astrológicos) de acciones diversas que pasan por entrañar cursos y decursos de pensamiento, mientras éstos, según estimo, han sido abierta o solapadamente rechazados.

Claro que, a la vez, es preciso distinguir los matices instalados entre el empleo rutinario y coloquial de una «palabra en su contexto» (cuestión diferente de la planteada aquí) y ella cuando ha sido objeto de una labor conceptual que la proyectó fuera del uso y sentido acostumbrados. Otra cosa es que el mismo término se use de manera indiscriminada pasando desapercibida su utilización.

Hechas estas puntualizaciones y sus excepciones (algunas de las más conspicuas las resaltaré enseguida) veamos ciertas muestras, las más corrientes, mediante un veloz e incompleto recorrido.

Por ejemplo, cuando surge una *ocurrencia* —que puede ser brillante o generar ruido superfluo— no hay correspondencia con ningún pensamiento, sino una mera estructuración del campo psíquico y la verbalización o gestualidad que la dispara. Desaparece con la misma fugacidad que apareció. Su pretensión empieza y acaba con ella. No tiene otra que morir en la escena donde cobró vida. Cualquier trascendencia o continuidad la sume en estado de estupor y en un clima ofensivo. La razón está de su lado. No ha nacido para durar, por lo tanto es un sacrificio inútil obligarle a que permanezca violentando su naturaleza ocasional.

En el mismo espacio, aunque de modo diferencial, hacen cola las *evagaciones, conjeturas, fantasías, opiniones, comentarios*, etc., todas ellas claves alimenticias de la vida cotidiana.

Por otro lado las diversas *formas de imaginación*; *clichés* o lugares comunes; *estereotipos y lemas* o simplificaciones que no admiten discusión; *juramentos* o dictaduras de lo igual en cada uno; *sintagmas cristalizados* (saludos, ceremonias de reconocimiento, rituales de pertenencia), y demás, responden a otras funciones, de importancia comunitaria donde existen, que las de pensar, sean aquellas reproductivas o simplemente performativas.

Ampliemos algunos de los ejemplares mencionados. Las *evagaciones-divagaciones* las realizamos placenteramente sin que se les exija pensar mínimamente en algo.

Las *conjeturas* son gestos argumentales, a veces solemnes, satisfechos por haber esgrimido una hipótesis.

Las *fantasías* (que no se debe confundir con *lo fantástico*) son las que susurran a un pensamiento:

todos tenemos. Su abundancia ha creado un pingüe mercado profesional que puja por ligarlas a alguna realidad, pero sus resistencias son más altas y fuertes que los castillos medievales. Ella son las que susurran a las realidades más variadas: no pasarán.

Las *opiniones* gozan de un estatuto privilegiado en este conjunto pues logran, sólo gramaticalmente, confundirse con un borrón de pensamiento, p. ej., en la frase, «pienso que mañana hará calor». Ahí como en otros casos la opinión, acertada o no, juega con el intento de persuasión de que se esta pensando por cuenta propia.

Los *comentarios* se caracterizan por un relato cambiante y descriptivo que transcurre en tiempo lineal. El llamado comentario común, lejos de fines comerciales, se subsume en la opinión, no como un rasgo azaroso, sino como base de la misma idea de opinión.

Los *lemas* o fórmulas de una idea, todavía incierta y desarticulada, poseen una certeza que reside en quién la formula. Están constituidos para ser transmitidos sin que su verdad y eficacia, fuera de todo pensamiento, sean cuestionadas.

Así funcionan los lemas corrientes. Sin embargo, al ser insertados y articulados de otro modo como, p. ej., en la *Ética* de Spinoza (véase su *Segunda parte*), sufren una variación fundamental, estrechamente ligados a una demostración, un corolario, una definición, un postulado o sostenidos por un escolio, comprendidos en un régimen de proposiciones como son formuladas en su obra.

Para concluir con este listado provisorio e inacabado añadiría un conjunto cuya complejidad, al igual que las anteriores, posee ciertas particularidades que justifican una ligera mención y algún desarrollo. Obviamente, como todo lo previo, la selección y agrupamiento de sus componentes responde al criterio de ir señalando los más conocidos, quizás, porque en relación al pensamiento, reside en ellos lo menos pensado.

Por otra parte, lo reitero, el punto de partida del texto es el uso y atribuciones comunes de los términos en juego, así como el rápido señalamiento de elaboraciones que escapan de las formas habituales.

En principio lo que parece estar despojado de cualquier modo de pensamiento son los *prejuicios*. Estos no son meros juicios previos, clavados como aguijones en el corazón del entendimiento o en la comprensión de un asunto. Según mi perspectiva los *prejuicios* entrañan una forma de condena anticipada —de ahí su rostro intolerante—, «los negros son...», «los camareros son...», «los rusos son...», «los médicos son...». El *sonson* es la música que hace danzar a los prejuicios. Esto es de sentido común. Y va hacia un sentir *en* común que asiste, continuamente, al desalojo del pensamiento. Así considerado no puede dejar de figurarse como uno de sus mutiladores.

Sin embargo hay otros enfoques que, sin asignarle ningún modo de pensar, revelan su importancia para la vida comunitaria. O, al revés, son tomados como «los orígenes y las principales fuentes de todos los errores» (de conocimiento y morales, aclar. mía), pues «los prejuicios son la fuente de todas las opiniones falsas, todos los demás errores son los riachuelos que salen de ella», como afirma C. Thomasius, en uno de los capítulos de su *Introducción a la lógica*,[44] en el siglo diecisiete.

Tanto en contraposición como en acuerdo con el enfoque de Thomasius, hay orientaciones que destacan la positividad de los prejuicios. P. ej., para la Escuela de Frankfurt, en especial para M. Horkheimer, el juicio previo o prejuicio era un juicio basado en experiencias y decisiones que lo validaban. De ahí que para Leibniz, en sentido riguroso, hayan podido ser «la verdad filosófica suprema». Y, para Kant, sólo como una ilustración más, las proposiciones a priori eran el núcleo de la «ciencia pura».

Sintetizando. Eran muchas las voces que defendían, ambiguamente, el estatuto ontológico de los

---

[44]*De los prejuicios,* cap. 13.

prejuicios como soportes de un conocimiento legítimo.

Sin embargo no podía afirmarse que el pensamiento, de manera similar al saber, circulara por los mismos carriles. En realidad todo evidenciaba un des-carrilamiento de las vías tomadas por uno y otro. Más allá de las diferencias y tipificaciones (prejuicio positivo, negativo, destructivo, rígido, maleable, etc.), sea Kant o Horkheimer, han resaltado, a manera de reflexión, el obstáculo potencial de los prejuicios.

Para el primero, si la verdad es el fin de un proceso infinito al cual el pensamiento debe aproximarse, entonces halla «en el juicio endurecido su más grave impedimento». Preciosa advertencia de Kant.

Por su parte Horkheimer estima que la consciencia se torna tribunalicia y su veredicto precede al relato del acusado. Es decir, el estado de indefensión en el que pueden hundirnos los prejuicios, los viejos y mentados *praejudiciis* que atacaba Thomasius.

No podemos omitir, en este bosquejo, la argumentación sobre los prejuicios que proviene de la hermenéutica, encarnada en la figura de H. G. Gadamer. En su magnífico libro, *Verdad y método*, hablando de la *precomprensión*, ese comprender por anticipado en el marco de la *anticipación* de algo o sobre alguien es donde entran a tallar los prejuicios. En su texto estampa un cierto número de prejuicios que son imposibles de eliminar.

Si caemos en la presunción de que no tenemos prejuicios nos despeñamos en el peor de los prejuicios, al que denomina de «neutralidad». Después haré una observación al respecto.

Por otro lado para Gadamer los prejuicios son condiciones imprescindibles de nuestro encuentro con la realidad, ya que guían nuestra mirada y juicios acerca de ella. No obstante pueden existir *anticipaciones* totalmente equivocadas. Estas son los «prejuicios que ciegan», pero complementariamente, están los «prejuicios que iluminan» De modo que la *comprensión* —punto de arranque hermenéutico— consistirá en diferenciar a unos de otros.

Observación. Es inobjetable que la presunción de no tener prejuicios (cara al progresismo frívolo) es el mayor de los prejuicios. Pero, en primer lugar, los prejuicios no se «tienen» (en todo caso ellos nos «tienen» a nosotros), se ejercen. Y si esto no ocurre sería más apropiado hablar de *prejuicios larvados* que no responden a ningún régimen de posesión.

Y, para redondear la observación, el asunto no estriba en carecer de prejuicios, sino en desactivarlos, neutralizando gradualmente sus avances en la sorda, por no tildar de sórdida, cruzada contra los procesos de pensamiento.

Vayamos ahora hacia otro espécimen: la *fe*. Las discusiones acerca de ella son interminables, a tal grado que su mención provoca, en general, actitudes «fideísticas» o radicalmente antagónicas. Sin embargo, desde hace muchos siglos, los actos y declaraciones de fe son de una complejidad inusitada. De modo que no se puede arrasar, sino intentar discriminar, la problemática de la fe.

Por eso en este escrito las referencias solo atañen a las modalidades de una fe que goza, expresa y declarativamente, de su *fe* al costado de todo pensamiento, puesto que lo considera su principal obstáculo. Y ello ocurre en la esfera celeste de la plena negación, donde el pensamiento es excluido junto con lo que moviliza una cadena sinonímica (razón, racionalidad, conocimiento, reflexión, etc.) donde bullen más diferencias que semejanzas.

La *fe* nace amalgamada con la creencia. Es una fusión común cuyo sentido, para quienes lo comparten, es indudable. Tener fe en alguien es creer a pie juntillas en él. Y, si ese ser es trascendente, para el sentir corriente, confusional y confesional, cualquier intento de elucidación o pensamiento es una ofensa que debe ser rechazada de plano.

Nada que entender, sólo el rezo y las plegarias nos eximen de ella. Esta es la creencia fideística y sus infaltables rituales (cánticos, bisbiseos, invocaciones), vulgar y mayoritaria. Para su doctrina, el «fideismo», el pensamiento sobra y la fe es lo único que nos brinda una plenitud sin fronteras. Lo ilimitado del objeto de fe nos hace, imaginariamente, a imagen y semejanza de lo que libera nuestra finitud. Es el sueño mortal de la inmortalidad prestada.

Pero la fe y la creencia, en otros ámbitos, retoman los sinuosos caminos de la complejidad, las distinciones sutiles y las argumentaciones razonables que desechan cualquier «fideísmo» dogmatizante.

La *creencia* en D. Hume, por ser una referencia obligada, requiere un principio diferente al de la *experiencia*[45] para que la creencia sea tal. Entonces, ¿cuál será el personaje solicitado? Ahí es donde surge el *hábito*,[46] que excluye, como se lo entiende a menudo, cualquier tipo de repetición ciega, pues no se trata de repetir algo siempre igual, sino las variaciones que se dan mediante la trasmisión del hábito. Por este mecanismo, la imaginación, en clave comunitaria, se torna creencia. De ahí que las distintas formas de creencia desconozcan las manos pegadas y la mirada suplicante. Caso contrario se convertiría en *fideísta*, en una corporación de la trascendencia y no en la inmanencia de una so-

---

[45]Viniendo de un llamado «empirista» —simplificación de manual— no deja de ser una sorpresa para los que *creen* en las radicalizaciones niveladoras.

[46]Una tarea atractiva y faltante sería comparar esta idea de hábito y la operación de cuño aristotélico que realiza Hegel.

ciedad civil polifacética que se renueva de manera habitual.

La *fe*, por su lado, tiene una serie de vericuetos que la separan tanto de la creencia como de la fe coloquial, vivida como único modelo por los «creyentes», que vuelven a soldar fe y creencia.

Entonces, es preciso recurrir a la teología y a un pensante donde el modelo hegemónico sufre alteraciones, fisuras y elaboraciones inusuales.

Hay dos testimonios ineludibles cuando se alude a la *fe* desde la teología. Uno proviene de la epístola de San Pablo a los Hebreos, que fue traducida poniendo a gusto términos (p. ej., «demostración») extraños a los usados por el apóstol, donde la sintetiza como «la firme seguridad de lo que se espera, la convicción de lo que no se ve» (Hebreos 11.1).

Otro surge, mil doscientos años después, con la dilucidación que hace Tomás de Aquino —el mayor teólogo católico— de la máxima de San Pablo. En su inconclusa *Summa teológica* interpreta que

> *cuando se habla de* convicción, *se distingue la fe (*fides*) de la opinión, de la sospecha y de la duda (discriminación precisa), en cuyas cosas falta la firme adhesión del entendimiento a su objeto (el de la fe está fuera de toda visibilidad y adecuación).*

> *En cuanto se habla de* cosas que no ve-
> mos, *se distingue (diferenciación pro-*
> *tocolar) la fe de la ciencia y del enten-*
> *dimiento, en los cuales algo es evidente*
> *(queda definida fuera de toda eviden-*
> *cia fenomenológica). Y cuando se di-*
> *ce* firme seguridad de lo que esperamos
> *se distingue la virtud de la fe (al re-*
> *vés de la fe del creyente por la que se*
> *cree virtuoso), de la fe en su significa-*
> *do corriente que no se dirige a la beati-*
> *tud (bienaventuranza eterna) esperada*
> *(sino a lo des-esperado por recibir la*
> *bendición divina).*

La larga cita de la *Summa* aquiniana, como mis
apostillas entre paréntesis, indican que para la fe
así concebida el entendimiento, la ciencia, la razón
o el pensamiento no son lo que atenta contra ella
y debe ser aniquilado, sino lo que pertenece a espacios diferenciales, con los que no puede fusionar
su territorio, sin repudiar la legítima existencia de
otros, como sucede con la fe llamada, teológicamen-
te, «confusa».

La fe «turbada», la «obstinada fe», «la fe que
obnubila», son las que crean los *fantasmas de la ra-*
zón, el *poder demoníaco* del pensamiento o la *inde-*
seable contaminación del entendimiento. En cambio la teología sistemática de Aquino, con la que

difiero y respeto por eso mismo, no escapa a la profunda racionalidad de su construcción, a la fe como generadora de un entendimiento a su medida y el asentimiento de una voluntad que lo confirma en lugar de condenarlo.

Por eso para la crítica de la fe, como es formulada en el ámbito teológico, se debe tener en cuenta, también, lo que subvierte y no sólo lo que sacraliza.

La problemática de la *fe* sufre con Spinoza, según mi estimación, un vuelco radical ¿Qué quiere decir aquí «radical»? Significa que tiene como finalidad discriminar rotundamente la teología de la filosofía.[47] Pero, asimismo, lo que toca estrictamente a la «simple fe» de la doctrina evangélica, cuyos dos Testamentos tienen como único objetivo infundir en los hombres una obediencia voluntaria, es decir, ni dogmática ni sectaria. De ahí que una determi-

---

[47] «Nos resta, por último, hacer ver que entre la fe o la teología o la filosofía no hay comercio ni afinidad alguna...» — *Tratado teológico-político* (1670). Más de cien años después Kant seguirá el derrotero de Spinoza en su célebre *La contienda entre las facultades de filosofía y teología* (1798). También se podría traducir por la *controversia* o *disputa...*, pero creo que es un error haberlo hecho como *El conflicto...*, ya que se trataba de una vieja contienda desde mucho antes de Spinoza, controversia o querella (Streit) como dice su título y no de un mero conflicto (Konflikt), acepción que suaviza una contienda cuya sangre no llegó al río, pero que lo enrojeció a distancia, separando a los contendientes para siempre, salvo en las instituciones religiosas.

nación precisa de la fe «debe definirse diciendo que consiste en saber acerca de Dios todo aquello que no puede ignorarse sin perder todo *sentimiento* de obediencia a sus decretos, y lo que puede saberse sólo por este *sentimiento*» (curs. mías).

La fe, entonces, queda soldada al sentimiento y su saber es siempre saber de ese sentimiento, situando la verdad en un lugar ajeno a sus anhelos. Asimismo sus requerimientos son otros. Ella, la fe, por si misma no es salvadora, tiene necesidad de las obras de las cuales obtiene su eficacia. Sin sus realizaciones es una «fe muerta», como la denomina el apóstol Santiago. Son ellas las que determinan quienes son fieles o infieles, y no son las diferencias doctrinarias las que los califican.

Por otro lado el sentimiento y la idea de Dios sólo surgen por la caridad. Pero la caridad no es un reconfortante gesto de lástima hacia el prójimo, sino el testimonio del fideicomiso de la invisibilidad de Dios.

Spinoza continúa un sesgo abierto por San Pablo, continuado por Tomás de Aquino y que le da pie para orientar el sentimiento de la fe hacia dominios teológicos-políticos. Y, desde ellos, hay que comprender la figura del *anticristo* que dibuja el pulidor de lentes eternos.

Quien sea fiel a los mandamientos por su amor a la justicia y a la caridad, así no proclame los mismos dogmas que defienden los sectarios, merece el calificativo de *fiel.* En cambio los represores de la «gente honrada, amante de la justicia», por el mero hecho de discrepar con ellos, les cabe el apelativo de *anticristo.*[48]

La fe, entonces, vehículo de diferentes opciones y actos de tolerancia se convierte en boca de los sectarios en todo lo contrario. Así, el *anticristo,* mantiene una relación de identidad con el dogmático y el perseguidor. O sea: con el enemigo de la libre elección y la diversidad.

Considerada desde otro ángulo la fe es una divisoria de aguas, pues las Escrituras repudian la obstinación, no la ignorancia. Vivir en Dios es hacerlo en los «dogmas de la fe»,[49] opuestos a lo dogmático. Y nada, en ellos, autoriza a otorgarles algún

---

[48]Término que proviene de las cartas del apóstol Juan y que usará indiscriminadamente la teología y escatología cristianas para denunciar a los herejes y enemigos de Cristo. Nietszche lo adoptará (con un sentido que roza, tomando otra dirección, al de Spinoza), para anunciar la subversión de todos los valores cristianos y su rotunda «maldición sobre el cristianismo».

[49] «Porque tales dogmas pueden ser buenos para unos y malos para otros, puesto que se les debe juzgar por las obras que de ellos resultan».

tipo de verdad.[50] Esta pertenece a otro ámbito, el de la filosofía.

Simultáneamente a esas particularidades la fe se aparta de la creencia respecto a lo que sea o deje de ser Dios,[51] pues no le concierne en lo más mínimo, así como en otras cuestiones del mismo tenor. El asunto va en otra dirección, hacia «la bondad de esta doctrina, y decidir si es o no salvadora, si es o no necesaria en un Estado para que vivan en él los hombres en la mayor paz y concordia, y si no destruye innumerables crímenes y atentados en sus mismos gérmenes».

Obviamente, se trata de la fe como una de las claves del equilibrio, tolerancia, razonabilidad de la sociedad civil y el esfuerzo por evitar su deterioro. ¿Será éste el sentido utópico de la fe que nunca se ha tenido en cuenta?

---

[50] «...la fe de cada uno no debe reputarse buena o mala, sino en razón de la obediencia o la obstinación, no en razón de su verdad».

[51] «Por lo demás, ¿qué es Dios? ¿Es fuego, espíritu, luz, ideal? Esto no afecta a la fe...». Y Spinoza agrega, para despejar cualquier duda, que «No es tampoco asunto de fe si es por esencia como Dios está en todas partes, si es libremente o por una necesidad de su naturaleza como dirige las cosas, si prescribe las leyes como soberano o las enseña en cuanto verdades eternas, ...» reiterando que «importa poco a la fe que cada cuál dé a estas cuestiones y a otras semejantes un sentido u otro, ...».

Por lo tanto parece haber, para Spinoza, una verdadera cura por la fe en cuanto apertura, sin padecer las clausuras de la fe sectaria, gozadora dictatorial de si misma, autoconvencida de ser lo único que da sentido a la existencia.

Entonces, la fe concebida como abierta e indulgente no deja de ser una fe en el pensamiento, ya liberado del unicato de la fe que sólo aceptaba la indiscutible sabiduría de las alturas.

El último ejemplar del catálogo que vengo desplegando (el lector, reitero, puede agregar a gusto los que juzgue convenientes) es la *versión*.[52]

Según mi apreciación es el arquetipo de enemigo más acérrimo que pueda tener el pensamiento. Su ataque es incansable y su fin, confeso e inconfesado, es impedirlo donde atisbe su presencia. Es el susurro envidioso en la oreja ávida. Sin embargo la versión deja un aprendizaje, arduo y doloroso, que no se puede despreciar. Enseña, para quien desee aprender, a no escuchar, pues cuando se oye todo y cualquier cosa la escucha se vuelve un desciframiento constante, agotador e inútil.

---

[52]Dejo de lado el *rumor* (donde anida la *calumnia*, esa falacia ad hominem) que es común tomar como sinónimo de la *versión*, porque no es más que un modo evaporado de la misma. Se disuelve al expandirse y no roza pensamiento alguno ni está en sus miras hacerlo.

Lo que estoy señalando puede vivirse como características que sólo ponen de relieve lo negativo y para nada lo que sería su relativa utilidad comunicativa. Pero ignoro cuál podría ser el rédito de ese padecimiento, salvo el de diseminar y retroalimentar la corrosión imparable que genera. De manera que supera la dimensión negativa hacia otra meta, donde lo negativo es, apenas, una palabra lívida. El primer tramo de la misma convierte, casi siempre, a la *versión* en *animadversión*. El segundo, concluyente, merece un tratamiento aparte.

Está aceptado en nuestra cultura —hay otras que evitan estos enquistamientos— que la versión acerca de... sea un componente, casi central, de la vida cotidiana. Permite, así, una falsa descarga porque, simultáneamente, se autorecarga a sí misma, lo cual indica que sus efímeros y compulsivos desplazamientos la vayan transformando en una *normopatía* demandada y naturalizada como una de las drogas más eficaces. Cierto que su consumo, típico del consumismo, es un alivio para muchos y muy rentable para unos cuantos vividores mediáticos.

Partamos hacia el final. La guía será la vieja pregunta antropológica ¿qué es el hombre? y sus diversas respuestas. Algunas de las más conocidas le otorgaron el estatuto de «animal racional», «político», «bípedo implume», «homo ludens», «faber», «ridens», etc. Pero con la *versión* el conjunto sufre una alteración esencial, pues rompe con la cadena de rasgos atribuibles, en su mayoría observables, al hombre acorde con su definición por género próximo y diferencia específica. Sus determinaciones son sustituidas por una fórmula vacía de rasgos, donde priva la imagen hueca que marca su idiosincrasia mortal.

Existe una frase proverbial que muestra la conmoción de la pregunta y la volatilización de su contenido. El refrán dice: «un hombre es el conjunto de las versiones que hay sobre él». Es el postulado inespecífico de cualquier hombre, sea varón o fémina. Pero, a la vez, convierte al hombre en un animal imaginario.

Nunca mejor dicho lo de «animal» (en el sentido acostumbrado, doméstico. De los que danzan realmente con la naturaleza, sean delfines, cerdos, rorcuales o lobos, nunca sabremos demasiado), ya que se le endosa el «imaginario» de la etología despojándolo de toda *imaginación*, de su dimensión propiamente humana. Así, su existencia queda sometida por el relato de otro cualquiera que un día, caprichosamente, proyecta, de manera gratuita, una serie de ocurrencias en una versión contundente. Quizás, con el agregado de una pizca de credibilidad, de hechos descontextuados y una intensa persuasión. Ello es casi una normativa, un régimen estabilizador de las versiones, ya que tanto la verosimilitud como la verdad fáctica está fuera de sus intereses.

Sin embargo, todavía lo más grave no aconteció ¿Qué es lo «más» grave? Además, ¿es tan grave lo que denomino grave? ¿No estaré dramatizando en exceso? Creo que no. El espectro de la *inversión*, que contiene a la *versión* en la misma palabra, es realmente siniestro, pues genera una violenta pirueta ontológica.

El *siendo* que alguien va construyendo, generándolo para llegar a ser lo que es —más allá de su agrado o no— acaba enajenado y sustituido por la versión existente acerca de él, por un simulacro de ser. O, en términos de la metafísica tradicional, la *apariencia* es la que determina a la *esencia* de manera irrevocable. Y sin retorno. No es raro, entonces, que la versión termine en animad-versión, como señalé antes.

Así, la versión consuma, con gran eficacia, el haber realizado ante nuestros propios ojos y oídos la *conversión* de la vida en espectáculo para un vasto público que recrea, permanentemente, una versión cuyo origen es desconocido. Es en ella donde el pensamiento comprueba su inexistencia y, parafraseando a Kundera, que su vida está en otra parte.

Una rara dimensión: el pensamiento inconsciente

Esa dimensión no es otra cosa que un desafío para el psicoanálisis. Éste puede ignorarlo, lateralizarlo, dejarlo —como viene ocurriendo— para después o condenarlo a lo no pertinente en las elucubraciones sobre el inconciente. Sin embargo no abordar los problemas que el mismo campo conceptual plantea significa erosionarlo hasta el límite de volverlo riesgoso e improductivo. Entonces, inmediatamente, se apela a las veloces sustituciones o a los usos que consagra cierta excluyente tradición, lo último arquea la línea de trabajo hasta hacerla coincidir con el punto inicial.

Así se sacraliza el «circulo de los entendidos», es decir, de aquellos que entienden lo que se debe transmitir para no moverse ni ser removidos del poderoso vocabulario fundante. Ahí es donde los veloces reemplazos, que se despreocupan de repensar lo mal estatuido, imponen, más allá de todo debate o argumentación, una política del silenciamiento. El confort y las buenas alianzas colaboran con el estado de mordaza.

Sin embargo, ello no evita que se diga que todo «principio» del pensamiento es un «grito» (¡orden!, ¡caos!, etc.) aunque, simultáneamente, el grito debe ser acallado por principio desde una lógica eufemista llamada «comportamiento urbano». Otras, dependientes de la verdadera tolerancia, lo requieren como necesidad imprescindible del diálogo o, mejor dicho, de la lógica de la invención, del intercambio y la persuasión.

Aquella lógica, que prometía la buena convivencia, los trueques enriquecedores y cierta manumisión del sujeto —por lo menos la emergencia de sus fantasmas, a los que termina sepultando en un arbitrario y congelado «fin de análisis»—, omite los *principios* en favor de las conspiraciones y versiones. Cualquier destello de verdad será juzgado (imperio del juicio), redundo, como animad-versión. Lo que podría pensarse como un proceso paradojal —y el pensamiento inconciente lo es— queda anulado en los protocolos escolares y en los cementerios de las palabras únicas.

Pero la coexistencia de series de tiempos disímiles, sujetos a sus líneas de inflexión, a sus conjunciones y disyunciones puntuales, hace que se pueda afirmar simultáneamente pensamiento e inconciente sin tener que recurrir a ninguna síntesis conciente ni reducción yoica, donde a menudo se confunde el punto de partida con el de llegada.

Claro que esto debería ser pensado fuera de una lógica diurna, sin rechazarla ni adoptarla. Una nueva tarea en la cual el psicoanálisis, atascado con la vieja manía, que era más brillante, de la formalización, recae en la rasa contradicción y el abuso insalvable de las «representaciones inconcientes», sustituto ilegítimo, naturalizado sin cuestionamientos, como si ese decir adormilado fuese una certeza conceptual, y no una ceguera sostenida por una mirada sin inquietudes ni deseos.

El problema, inevitable problema, creo que ha quedado planteado.

Una ilustración para redondear. No pretende desencadenar más que veloces indicaciones para seguir pensando.

Un renombrado psicoanalista —durante sus *Enseñanzas*— utiliza aquella noción sin prevención ni la más mínima argumentación, hasta ponderarla con «todo rigor» (?), según sus palabras, como *objeto* del inconciente. Sin embargo no podemos argüir, salvo que se trate de un lema inobjetable, que esas «representaciones inconscientes», como se las denomina abusivamente, sean algo realmente distinto de las clásicas representaciones, como las comprende y utiliza —con gran empeño y precisión— Wolff y abundantemente Kant y la epistemología de corte kantiano. Después podremos ligarlas, como algunos, a los «sistemas mnémicos», decir que serían aquello que de los objetos se inscribe en ellos, hacerlas equivalentes del concepto lingüístico de significante o afirmar, como hacen otros, que es «una representación que ya está ahí», previa a la existencia del otro que se *apoyara* en ella... y arabescos sobre la «persona» o el semejante. Pero, tales asimilaciones producen una serie de errores (ver mi ensayo *La problemática de la subjetividad*[53]) que no libran para nada a Freud ni a la versión «estrictamente analítica» de sus justificadores, el quedar prisioneros de la noción «clásica» de representación epistémica (*Vorstellung*). Aunque aquel utilice y explore otras de cuño diferente (*Darstellung, Vertretung*), cosa que pasan por alto nuestros destacados profesionales.

En una palabra, además de todo lo anterior, lo que a veces se llama rápidamente «pensamiento inconciente» u ocasionalmente «el proceso de pensar»(*Denkprozess*), como en las *Formulaciones sobre los dos principios del acaecer psíquico*, quedan sepultados e impensados bajo la palabra de orden que implica la representación, que convertiría al supuesto pensamiento psicoanalítico en una variante del «entendimiento reflexivo». O sea: una vía, ya muy transitada, donde el pensamiento queda restringido a ser pensado sólo bajo el patrón «estrictamente» representativo y sometido al objeto que deba cargar.

---

[53]Número 3 de esta colección. (N. del E.)

¿Qué podría pasar con el mismo concepto de inconciente (*Unbewusste*), su inédita creación, la dimensión que inaugura y su acompañante (*Das*) todavía impensado?

Una posible respuesta podría abrir una infinidad de preguntas para recomenzar a pensar fuera del *principio de representación*. Claro está que con él. Pero, también, *más allá* de él para que *lo inconciente* no sea ahogado en el estribillo de un título lleno de representaciones vacías.

Recordemos, para finalizar estas notas, una certera, por lo útil, admonición de Hegel: «lo que no se puede representar no debe representarse». No está lanzada desde un supuesto «deber ser», desde un tribunal para juzgar ninguna forma de representación, sino para reponer en su lugar sin lugar designado al *inconsciente*, *in*-pasible de ser seráficamente representado. Ese inconsciente que atisba como nunca a través de sus dos ojos abismados: la compulsión a la repetición y el ombligo del sueño.

¿Cómo representarnos este triángulo desorbitado, *sin* figura, *sin* imagen, *sin* otro fin que su sinfín? ¿Se escucha la pregunta que ha quedado apresada entre las dos pequeñas orejas de los signos de interrogación?

PERSISTENCIAS: DESEMBOCADURAS

Persistencias

Hay tres líneas, y una transformación radical, plenas de infinidades rizomáticas (tomando cada uno de los términos con la mayor rigurosidad posible) por las cuales ha circulado el pensamiento occidental desde sus comienzos. El comienzo no le atribuye un origen determinado, sino los puntos desde los que arranca, también canónicamente, para abarcarlo desde los presocráticos a nosotros. Se los puede marcar claramente en Leucipo, su discípulo Demócrito, Epicuro, Platón, Aristóteles, el romano Lucrecio, el inglés Dalton o en pensadores, tendencias, escuelas, etc., actuales de diversos países que adhieren, rechazan, crean o recrean incesantemente esos puntos de partida que no son tan ajenos —creencia muy difundida— a los revelados tajantemente como de llegada.

En este momento es necesario alertar sobre un doble riesgo.

El primero es el más común. Se extrapolan conceptos, categorías, modalidades, historias regionales y locales, etc. que pertenecen a líneas de pensamiento determinadas, a otras de distintas latitudes, cuyas lenguas, modos de producción y complejidad específicas hacen muy difíciles, cuando no imposibles, los pasajes entre pensamientos constituidos por diferencias radicales. Es el caso, p. ej., del pensamiento occidental, fundado en Grecia, y los pensamientos orientales milenarios, que siguen caminos separados y no conducen a la «Roma» de la filosofía, como el que nos involucra.

El segundo es un escollo con el que nos encontramos habitualmente. Al inicio de este ítem señalé que, según la perspectiva en que estoy incluido, existen tres líneas llenas de aperturas que no pueden cerrarse en ningún lugar ni punto específico, a riesgo de hacerlas aparecer con una nitidez inequívoca o hacerlas desaparecer en la bruma de los detalles inconducentes.

Sin embargo, los cierres ocasionales cumplen con una función de rubrica, necesaria para esclarecer un asunto en su carácter particular. El problema consiste en tomar ese *punto* especial por la *línea* en la que un pensamiento acontece. Tal reducción merma su devenir y complejidad y lo condena a la simpleza de su catalogación.

Cada una de las líneas rehúye la ubicación en un espacio-tiempo definido y la manía clasificatoria de una historiografía (periódica, epocal, comunicativa, etc.) sólo importante para mantener una vigencia periodística o el lingüisticismo de los relatos. Ninguna de esas especies, por más que apele a palabras aparentemente similares, se desliza por las brechas y haces de las *infinidades* (aperturas que no cierran en ningún tiempo ni lugar) *rizomáticas*, raíces que se prenden de raíces, amplificando, imparables, el acontecer determinado de un pensamiento y sus producciones inéditas o sus adormiladas reproducciones.

Concretando, ninguna de las *líneas* que enunciaré más adelante pueden ser fijadas en un *lineamiento* evidente que serviría como un cajón de cómoda, útil para arrojar los confortables ropajes de las etiquetas.

Un añadido insustancial. Si es verdad que la difundida noción de *rizoma* (esas raicillas y brotes subterráneos que son imágenes preciosas para cualquier reserva de pensamiento) se opone frontalmente a la de *árbol* (planta de tronco simple, a merced de los vendavales, que, a una cierta distancia de su raíz clavada en tierra se ramifica hasta ofrecer la sombra de su copa), no debemos olvidar, quitando el protagonismo absorbente que tuvo el árbol de Porfirio, que su imagen recauda para sí los nutrientes, esos frutos que se mecen en sus ramas. Siempre se podrá recoger algo de él, más allá de la lógica clásica y disecada que imaginariza su arborización fantasmal.

Primera desembocadura

Entendidos, sobrentendidos y malentendidos sobre la reflexión

A lo largo de sus corrientes y peripecias el pensamiento ha exigido, regularmente, encontrar un principio, un orden o por los menos una escala que cualificara sus procesos. Sin embargo se estableciera un fundamento o quedara en suspenso, surgía un plano de convergencia o imbricación, constituido por la *reflexión*, caracterizada por la variedad de sus formas y combinaciones de las cuales se ocupan las meritorias e interminables tareas perifilosóficas a las que me referí en otro momento.

Sin embargo algunas ilustraciones, que rehuyen las catalogaciones de las «tareas» mencionadas, nos pueden apartar de ciertas ligerezas que alimentan las «reflexiones» contemporáneas. La mayoría cae en la propia trampa (los juicios categóricos) de la que pretende huir, mediante los fluires de elaboraciones, a menudo confundidas con caprichos de principiante. Me refiero sobre todo a dos que son las más comunes. *La* (así encerrada en un tono de certeza) reflexión, sus distintos procesos y formulaciones, terminan cayendo, según decires, en la *reduplicación* de lo reflexionado y en la plena *identidad* sobre la que se fundamenta. Pero lo que jamás se aclara es el carácter y figura de dicha «redupli-

cación» ni la idea de «identidad» (leída general-
mente como «igualdad») que se está manejando,
ambas de una complejidad inusitada. De modo que
el sentido común establece —rasgo autoritario de
muchos discursos que cultivan la ecolalia de la apertura clausurándola— definitivamente cual ha sido
y será el destino de la reflexión.

Tengo una relativa concordancia con los que ven
surgir con la misma *reduplicación* la embelesante figura del espejo, composición narcótica del adjetivo
que la caracteriza y ocupante de un espacio fantasmal. Cuestión que provoca nutridas discusiones
desde la antigüedad hasta nuestros días. En ella no
juega sólo el yo como visión de uno mismo (y antes en su constitución), aplastamiento del mito de
Narciso contra una plancha bruñida o espejeando
en el agua de un lago, sino como espacio de intercambio entre mi imagen y un mundo que disuelve
el yo justo cuando se cree atrapar su imagen. Es en
la superficie del espejo donde se *refleja* la paradoja
de una presencia ausente. Yo que me veo viéndome
soy (imagen) lo que ahí *no soy*. Lo que se presenta
en un espacio aplanado es, simultáneamente, un régimen de afectación y sensibilidad perdido (cuerpo
o «conciencia encarnada», como diría un fenome-
nólogo). «El fantasma del espejo arrastra mi carne
afuera» dice Merleau-Ponty en *El ojo y el espíritu.*
Pero la imagen, toda imagen, parece recuperarla

descarnada, esquelética, atraída «por el vacío mismo y la muerte que hay en su señuelo», como asegura Blanchot en *La escritura del desastre*. El espejo seguirá dando que hablar, aunque la «imagen» del habla sólo alcance a empañarlo. Más allá habrá que seguir las aventuras de Alicia Carrol.

No podemos evitar que la *reduplicación* nos imponga sin advertirlo la figura del espejo y señalarla o denunciarla como una superficie donde corretean ciertas formas de reflexión, mientras otras nada tienen que ver con ellas. Por lo tanto no se puede rechazar una determinada imposición para conservar una mayor y atesorarla como un punto de partida en lo que hace al pensamiento, sea inconciente, consciente o de otra especie.

¿Qué permanece en secreto, en el secreto como una estrategia de prohibición donde nadie prohíbe y por eso actúa con mayor fuerza?, ya que si el secreto se expande debe ser a la manera de un susurro, pues de otro modo dejaría de ser el «precioso arcano», legado que debe ser custodiado con extremo celo.

Lo callado, así, avanza imparable, en el mentado *espejo*, paradigma indiscutible de la *representación*. Ésta es la verdadera habitante del *Palais des Glaces*, el patrón especular que permite o no el juego de todas las ocurrentes formaciones y defor-

maciones. Como puede verse, la representación es
el soporte que nos permite mirarnos en su espejo.

Respecto de la otra acusada, la *identidad*, pienso que la reflexión no conduce necesariamente a
ella (menos cuando se la confunde con la igualdad,
como fue señalado), pues tiene bastante con retro-
traerse a sí misma y sobrepasarse en su ámbito específico.

Una valiosa ilustración —habría otras de distinto nivel— la proporciona Hegel. Para eso hay que
dejar atrás momentáneamente ese *amor-odio* y la
crítica unilateral a su pensamiento guiados por el
texto emblemático de la *Fenomenología del espíritu*. Este libro y la primera parte de su manual —
Enciclopedia de las ciencias filosóficas— sirvieron
para evitar la «árida» lectura que exigía su mo-
numental *Ciencia de la lógica*. Así quedó apresada entre dos *no*. Uno significa: dejada de lado o
leída de costado. Otro, relativo a la *Fenomenología*, entraña: excesivamente investigada y disponi-
ble para tomar lo que resultara conveniente (p. ej.,
la figura del *señorío y servidumbre* o la del *alma
bella*), anulando el movimiento de toda la problemática, la escritura que la distingue, en su conjunto
y cayendo en «el absoluto indeseable» y «el infinito malo». Es decir, en la inmediatez, cuya *certeza*
Hegel invalida de entrada, puesto que una de sus

«proposiciones especulativas»[54] estampa: «lo verdadero es el todo», nunca la figura aislada o que extraigo-abstraigo de ese todo. El «todo», aclaro, es lo extraño, la fuerza que revienta cualquier «totalidad». Es lo abierto mismo en devenir. Ello nos devuelve a la ilustración con que inicie este comentario, a la marginada *Ciencia de la lógica*. Digo «marginada» porque aún autores notorios eligieron (después no pueden quejarse porque entiendan las cosas de acuerdo con sus elecciones) leerla en la síntesis de un manual escolar y comprenderla de esa manera, rápida, sintética, esencialista y armada como un sistema carcelario. Mientras que, para una serie de consistentes investigadores (P-J. Labarriére, D. Henrich, F. Gil) la dimensión de *Ciencia de la lógica* es «por entero revolucionaria», conclusión a la que había llegado con anterioridad el Marx del *Capital*.

Ahora voy al punto que importa y que falta ¿Cómo se denomina esa lógica revolucionaria? Así: *lógica de la reflexión*, pura fuerza que impulsa todo el sistema y ese es su fundamento (*Grund*) procesado letra a letra durante su incesante despliegue.

---

[54]Véase al respecto el destacable libro de Jean-Luc Nancy, «*La remarque spéculative. Un bon mot de Hegel*», y el interesante texto de Jean Beaufret *Hegel et la proposition spéculative*.

Los que desean capturarlo en la síntesis del citado manual se perderán lo que falta en él, la *triple reflexión* (ponente, externa y determinante) que deja coja su lógica. O confundirán ese *Grund*, fundamento que amplia y se disemina en la *Doctrina de la esencia*, con una base de cemento.

En relación con cualquier atribución de quietud sistemática de lo absoluto y la reconciliación sacra de los opuestos en su seno, hay que recordar que lo sólido es puesto en cuestión desde la *Fenomenología*, donde habla de la «fluidificación» de los conceptos. Y tiene su desarrollo exhaustivo y sus distintos nombres en la *Lógica*. El único «amo absoluto» ya no es la muerte ni su marca la falta, sino el imparable movimiento que fluye por los pasajes y pasadizos que van del constante sobrepasamiento (*Aufhebung*) al dislocamiento y disolución (*Auflösung*) de lo constituido, sobre todo de los petrificados extremos. Dejemos esto aquí, porque nos llevaría por vías de un «pensamiento del medio (*Mitte*)»[55] que sería interesante recorrer en otra ocasión, aunque ya esté presente en la lógica de la «concreción del devenir», donde en cada mo-

---

[55]Fr. V. Baader en su *Fermentos de los conocimientos* (1822-1824) puntualiza que «la filosofía debe dejar que se le diga lo que Hegel le dijo: que una Cosa no tiene que ser comprendida ni al inicio —donde aún no está— ni al final —donde ya no está— sino sólo en su medio (*Mitte*) ... sólo por este *medio* es explicable».

vimiento de negación, cada contrario contiene ya
en si al contrario de si. Dicho de otra manera las
reglas *metalógicas* de las combinaciones contradic-
torias están *dentro* de la misma lógica, o sea, no
se aplican formalmente desde un exterior al mismo devenir. En eso consiste la inconsistencia del
devenir, cuyo método, en el sentido de un *poner
en camino*, deshaciendo los procedimientos formales que llevan el mismo nombre, se estructura como
una «Reflexión *der* Reflexión».

Llegados al final de la ruta surge plenamente
la reflexión hegeliana, pero con ella se han *disuelto* el espejo y la representación, la pseudoidentidad
otorgada al $A = A$ y la reduplicación. La reflexión,
desde su lógica interna, deviniente, ha trasvasado
las conjunciones usuales (movimiento *Aufhebung*)
hacia su devastación (movimiento *Auflösung*) definitiva.

¿Pero, en qué ha quedado ella, qué es realmente
esa reflexión, cómo definirla sin esas nociones que
tenemos amañadas, siempre al alcance de las manos? Mala pregunta, interrogante desgraciado, pues
está hecho desde la inmediatez de lo que ordena la
costumbre y su obligada repetición. En tanto que
ella no es, sino opera un regreso sobre si. *La ciencia
de la lógica* lo impulsa de este modo, «la reflexión se
encuentra con algo delante de ella (como el sujeto
representado se topa con predicados): al sobrepa-

sar esa inmediatez, en realidad regresa sobre si...».
Así la reflexión abandona los dominios de la representación y la maciza identidad, imposibilitada de autopresentarse e identificarse a si misma. En otro lado reitera que esa «"vuelta sobre" es, justamente, reflexión, despegue de lo inmediato...» y caracteriza, «Reflexionar significa sobrepasar algo inmediato y avanzar hacia otro y captar en una unidad de conjunto la multiforme variedad resultante».

Obviamente se puede disentir con esta idea de reflexión. En mi caso son variadas las objeciones que salen al paso (algunas están esparcidas en el sucinto desarrollo sobre la reflexión), aunque no viene a cuento hacerlas aquí. Lo que no puede hacerse, bajo ningún punto de vista, es reducir la reflexión hegeliana a imágenes, figuras o conceptos donde no se encuentra. Trama que, además, ni siquiera roza sus «especulaciones» que no se reflejan en ningún *speculum* ni admiten ser modeladas en la matriz de las representaciones, desdobladas por su destino usurpador y agónico.

Acabo esta parte con un ejemplo contrapuesto.

Para un pensante como Deleuze (siguiendo el carril de «la verdadera crítica» como la propone en *Sobre Nietzsche y la imagen del pensamiento*) la *reflexión* es una operación inútil, puesto que, en cada disciplina, el que la cultiva ya reflexiona sobre ella. De manera que, fácticamente, prescinde de sus servicios. Es más, llevando su juicio al extremo, dictamina que la filosofía no tiene nada que ver con la reflexión. Sólo es un proceso de creación de conceptos y ninguna otra cosa.

En sus *Diálogos* con Claire Parnet preconiza por su erradicación y ahí se advierte, «tampoco basta con reflexionar en solitario, a dúo o entre varios. Sobre todo nada de reflexiones». Así sea.

Entiendo a medias lo que exorciza con tanta fuerza Deleuze. Creo que ataca frontalmente la equiparación, tardía, entre reflexión y consciencia que hace del humano un «ser reflexivo». Comparto el ataque a esa fusión indiscriminada y espuria.

Sin embargo, a la hora de la verdad, cosa extraña al minutero de este texto, parece que Deleuze no pudo sustraerse a enunciar *la* verdad —atractiva por cierto— en el brotar estructurante de una creación eterna y excluyente.

De esta forma todos los juegos y transformaciones que se vayan dando en otros ámbitos *ya* (ahora facticidad plena) quedan fuera de los territorios filosóficos. De este modo la filosofía, como la concibe Deleuze, corre el riesgo, sin que haya ninguna afirmación al respecto, de caer en una modalidad de «territorialización» y «desterritorialización» que sólo corresponde a sus flujos y singularidades, es decir, a un *en si* torrentoso e intenso que perpetua el movimiento de su propia coronación. Lo demás sólo sería el humo de un fuego cuyas pavesas siguen encendiendo las más gastadas iniciativas.

Aquí más que un desacuerdo, no puedo negarlo, me invade un cierto desaliento y siento ganas de tirar algunas viejas reflexiones por la ventana, pero me contengo para no pegarle involuntariamente a algún paseante desprevenido.

Los senderos de la reflexión

La noción de *reflexión* desde muy temprano (siglos antes de que tuviera un estatuto psicológico alimentado por otro tópico tardío) está ligada a una sustancia material, p. ej. un cuerpo flexible, un haz de luz o una onda sonora, etc., que, lanzados sobre una superficie plena, golpean en ella y toman una dirección distinta a la originaria. Pero después de expandirse e irradiarse se suponía que podían regresar, por diversos modos, a si mismas en cuanto materias, es decir, a la realidad en su conjunto le cabía la posibilidad de retorno a un punto de origen considerablemente modificado. Dicho retorno a esa unidad —no unificada— de sentido, finalmente anímico, genera la *reflexión* de la realidad y su tendencia a volver a si misma.

El *analogon* de este proceso se da en el ser humano, quién infinitamente remite a una unidad y una acción diferenciadas, o sea: *el reflexionar*. Pero todavía ese acto específico no estaba bajo el nom-

bre latino de *reflexio* y menos de «acto de consciencia» como lo equipara el uso consagrado, atribuido a los griegos que «ya hablaban de *reflexión*»,
caracterizándola con un término más acorde a lo
que estaban pensando y al proceso que describían,
mientras que la idea de asimilar la reflexión a un
acto de consciencia emergerá a fines del siglo XVII
con el *Ensayo sobre el entendimiento humano* de
John Locke.

Un testimonio preciso lo brinda *Acerca del alma*
de Aristóteles. Después de señalar que la facultad
sensible no se da sin el cuerpo, de marcar el más y el
menos de los sentidos y el intelecto, afirma que éste
es «capaz de actualizarse por sí mismo» —como lo
sostenía Platón—.

Entonces, hallándose en un cierto modo de potencia, mucho mayor al haber aprendido e investi-
gado, «el intelecto (*noûs*) es capaz también entonces de inteligirse a sí mismo». De esta manera la
reflexión, en ausencia, acude a prestar la garantía
al intelecto de un retorno a sus dominios, sin que la
consciencia (voz latina de la que carece el griego)
interfiera sus pasos.

Hace un momento le atribuí a la articulación
que se da en la obra de Locke que se haya pega-
do la *reflexión* a la *consciencia*, donde la primera es
una de las fuentes (la otra es la sensación) de la que
surgen las ideas. Ella es un «sentido interno» por

el cual el sujeto toma conocimiento de las diversas operaciones que realiza. Y es mediante la *reflexión* que recibe las noticias de sus concreciones y diferencias. Percibir, dudar, creer, conocer, querer, etc., son algunas de sus figuraciones.

Sin embargo, esto no es lo más relevante, según mi punto de vista, de lo que establece Locke —las dos fuentes de las ideas—, sino que esos dos pisos, escamados, que soportan su concepto de «proveniencia» de las ideas, señalan para la *reflexión* su condición de escala o, si se quiere, de bifurcación que desmiente la existencia de una ruta única.

Reflexionar será dudar sobre el carril a tomar, y, simultáneamente, elegir un rumbo por donde aprender a pensar.

Hume circulará por una vía, en principio similar, que considerará a la *reflexión* como una operación destacada aunque supeditada a los datos originados en los sentidos. Los senderos serán compartidos hasta el punto en que los desvíos sean lo que califique la orientación singular. Aquí se detiene, reposa, un ítem de la *reflexión* que hace historia sin quedar capturado en ella.

Signos de la relación

Ahora desearía marcar otros dos, entre los tantos que se podrían invocar, que estimo fundamentales, porque un pariente indefectible de la reflexión

toma carta de ciudadanía en sus regiones y regímenes de pensamiento. Esto no indica que antes no
tuviera una fuerte presencia, sólo que no detentaba
el carácter de cifra que adquiere en sus postulaciones. Se trata de la idea de *relación*,[56] adherencia
sin la cual la reflexión quedaría a mitad de camino.

Hacer una mera reseña acerca de la *relación* sería una tarea inmensa (al igual que sobre cualquier
tópico que mencionaremos o aludiremos durante el
trabajo) y extraña a las finalidades de estas propuestas. Ha sido discutida su realidad y objetividad, afirmada una y negada la otra y viceversa.
Para unos es una categoría con rango ontológico o
lógico, acto subjetivo o requerimiento objetivo, externa o interna, ficción metafísica o categoría trascendental, fundamento (por eso «fundamental» como dice E. Hartmann) de todas las demás, yace en
las cosas mismas como su unidad o fuera de ellas,
etc. La enumeración sería inacabable.

De Aristóteles (para quien era una de las diez
categorías) a nuestros días, el debate sobre los tipos, modos y caracteres de la *relación* sigue abierto.

---

[56]No me refiero sólo a la relación como detentadora de
una prerrogativa de orden, sino también a como hoy se la
concibe: recaudando el desorden básico al orden y la irregularidad que sustenta a los fenómenos. Sobre el particular
véase el libro de Enzo Paci, *Tempo e relazione*. Y, desde una
óptica leibniziana el sugerente texto de Christiane Fremont,
L'être et la relation.

Por mi parte, estimo que las *relaciones* no se dan entre dos o más cosas reales, lo cual de ningún modo les quita objetividad y eficacia, sólo que éstas poseen una referencia continua a la realidad, pero no habitan en la realidad misma. Siempre constituyen, a través de modalidades de pensamiento, complejos procesos (esto es fundamental) para comprenderlas en sentido amplio o restringido. Es una manera, también, de reconocer el libre juego de una realidad cualquiera que mantiene una relativa independencia de los procesos de pensamiento. Y, quizás, en eso consista la riqueza que los sorprende y excede.

Entonces, para esta vía, la *relación* es sustancial. Hasta tal punto que podríamos certificar que hay pensamiento recién cuando podemos fabricar y establecer relaciones, sean cercanas, intermedias o lejanas, ordenadas o desordenadas, etc. En este aspecto estoy totalmente de acuerdo con ese postulado, pues carece de sentido exclamar, cuando las relaciones son muy distantes, irregulares e imperceptibles, ¡qué tiene que ver una cosa con otra! Y es verdad no hay nada que *ver*: todo debe ser pensado en su emergencia y permanencia, estableciendo series de relatividades que rehúyen la percepción directa de algo que es prioridad de un ejercicio de pensamiento.

No hay relaciones constitutivas entre objetos, personas o cosas, son otros los asuntos (conexiones, ligazones, contactos, reconocimientos, etc.) que rondan esa atribución de realidad.

Las relaciones no existen sino insisten en las construcciones particulares que se dan con los actos de pensamiento. Sus órdenes tocan, diagonalizan y bocetan planos de la existencia, pero no pertenecen a ella ni a las realidades que puedan ser objeto de múltiples designaciones. De igual modo marca nítidos límites con los *especímenes* que señalé en otra parte.

Veremos al pasar como los estribillos y componentes de la reflexión operan en las líneas de pensamiento restantes.

Las variaciones reflejas

Un agregado veloz y circunstancial. Se asocia ligeramente la reflexión con los elementos que le dan consistencia a la noción (no al término de un vocabulario) de *reflejo*.

Una incursión necesaria. Con ella me refiero a los *reflejos* en su dimensión orgánica (aunque no cabe duda que componen los movimientos del alma), tal como se desarrolló en la segunda mitad del siglo XIX y durante el XX, culminando en reduccionismos de distintos tipos, pero ya distantes de la *reflexión* provenientes de superficies planas, laminares o especulares.

La complejidad y modificaciones que adquirió la «teoría del reflejo» en esos siglos, desde I. Pavlov y W. Bechterev hasta el relegado L. Vygotsky, las críticas pertinentes que les caben, como las inadecuadas que indican la omisión de sus lecturas, fueron ensombrecidas por la «guerra fría» y el achatamiento definitivo que representó el imperio del conductismo.

En cambio, durante los siglos XVII y XVIII la concepción de los reflejos sufre un salto, en medio de una neta disensión, que todavía perdura. Ellos ya dejan de lado la biología mecanicista cartesiana[57] y su concepción acerca de los «espíritus animales», *pneuma* (aliento vital) que Galeno localizaba en el cerebro y desde ahí se extendía a los distintos órganos y nervios. Descartes sigue a Galeno al entender esos corpúsculos materiales por los que el cerebro capta los cambios del mundo físico y genera el movimiento de las diferentes partes del cuerpo.

La ruptura, que surge de la comparación y contraposición con el modelo cartesiano, la genera Tho-

---

[57]En la que no se halla ni el término ni la noción de reflejo, según su denominación en la *Teoría de la medicina*, es decir, una ciencia anatomo-fisiológica totalmente especulativa, tan rigurosa y exacta como si fuera una física matemática que pudiera tener aplicaciones terapéuticas. Véase al respecto M. Geroult, *Descartes selon l'ordre des raisons* II, *L'ame et le corps*.

mas Willis[58] (1621-1675), un relevante médico inglés preocupado por la descripción del sistema nervioso, la circulación cerebral, etc., mediante las cuales intentaba comprender a fondo los desordenes patológicos que observaba en las contracturas histéricas, en las convulsiones epilépticas u otros padecimientos con el fin de prevenir las patologías «nerviosas» y de orden cerebral. Estudia afanosamente esas contracciones musculares patógenas como la rigidez muscular, los espasmos, los calambres, etc. en sus regímenes —y aquí empieza a destacarse su importancia y diferencia con el cartesianismo— de intensidades, de actitudes explosivas, desbordadas, que no mostraban las contracciones normales.[59]

---

[58]Los sucintos indicios sobre Willis están referidos a su obra *Sobre el alma de los animales*, y básicamente al libro de G. Canguilheim *La formation du concept de reflexe aux* XVIII *et* XVIII *siècles*, en especial al cap. III dedicado a Willis.

[59]Un curioso paralelismo. Esas intensidades, estallidos, desbordes dinámicos, son lo que dejan estupefacto —tres siglos después— al maestro japonés Haruchika Noguchi (1911-1976). El seguimiento continuado de esos «movimientos espontáneos», su estudio y conclusiones detalladas, lo llevan a fundar «una innovadora actividad cultural sobre la vida y la salud» que llamó SEITAI, según consigna su frecuentador en vida y discípulo Katsumi Mamine Miwa en su libro *El movimiento vital*. Las «diversas actividades vitales», como las caracteriza, y sus prácticas consecuentes —*katsugen undo* y *yuki*— arrancan a los *movimientos espontáneos*, de modo casi definitivo, el marbete de: «patologías» y los contemplan

Así va quedando atrás la mecánica cartesiana, apoyada en la estática de Arquímedes y en la dinámica de Galileo, mientras el fisiólogo Willis (como se nombra en el prefacio de su *Cerebri anatome*) nos acerca de hecho la futura energética.

Concibe a los «espíritus animales», siguiendo la tradición de esa denominación, como una materia dinámica y elástica que posee una naturaleza similar a la ígnea. Ese modelo volátil es asimilado en la figuración del fuego. Y la «cálida diseminación» que expanden por todo el cuerpo. Sus comparaciones explicativas están, casi todas, ligadas al fuego («espejo ardiente», «fuego gregario», etc.). En esa línea continúa la escuela de Van Helmont que hizo de la química y la pirotecnia un solo fenómeno, creando el término que hoy usamos con toda familiaridad: *gas*, donde la sutilidad de la materia va a la par con su potencia y peligrosidad. Un elemento rebelde que es «incoercible», según Van Helmont, por su «salvaje» naturaleza.

Sobre esta base piensa Willis su teoría del reflejo, alejada de la inmediatez de los brillos, rayos, destellos, etc. de una luz sobre una superficie plana cristalina o metálica. A lo que sí es realmente ajena, de manera única y singular, esta biología de la elasticidad, explosividad y cualidad de «resorte»

---

integrados en las prácticas culturales habituales.

que poseen los reflejos es a cualquier idea mecanicista acerca del cuerpo y sus procesos.

Retornando

De la incursión que era preciso hacer para no caer en mudas generalizaciones, vemos que las conjunciones equívocas solidifican las diferencias en una improductiva igualdad. Lo que se denomina «reflejos» o lo que es similar «actos reflejos», extraños a lo que acabamos de consignar, son los movimientos de un organismo como respuesta no intencional a un estímulo considerados bajo una fórmula general (E-R). Están ligados a una mecánica fisiológica por la cuál suceden los reflejos. Su vigencia y fundamentación son distantes de la sinuosa elaboración que tiene la idea de *reflexión*, y los *desvíos* que señalamos, a pesar de la raíz lingüística que emparienta a ambos.

La *reflexión* es imposible sin el lenguaje, aunque no se reduce a él, mientras que los *reflejos*, p. ej. en la idea de su «condicionamiento», lo requieren como «señales» que se recluyen por un lado en una asociación «conductual» (supuesta a partir de la actividad nerviosa superior, fundamento de una psicología «estrictamente científica»), y por otro con un «segundo sistema de señales «que lo sumerge en un epifenómeno cerebral reflejo».

La «cultura y la mente», cuyo núcleo es el *lenguaje*, irreductible a la *lengua* y sus constituyentes, entonces, no podrá sobrepasar el estadio de los comportamientos «observables» y, lógicamente, las estrategias para dirigirlos y controlarlos.

Lo anterior no significa que los reflejos sean totalmente ajenos a la actividad reflexiva, lo que es realmente estrambótico para ella es el dueto estímulo-respuesta como determinante de esa vuelta capital sobre sí que define a la reflexión y sus modalidades. Lo accidental en un proceso no puede convertirse en su condición *sine qua non*.

Como se puede notar, la problemática que instaura el pensamiento en tanto *reflexión* es una vía cuyo origen resulta nebuloso, aunque sean transparentes las formas de estipulación en distintas corrientes, y su menospreciada utilidad atraviese la niebla de la ignorancia de los finales excesivamente declamados. Unos la han exaltado, otros condenado a lo «mental», «intelectual», etc. Algunos sostuvieron (Kant, p. ej.) que no siempre era necesaria, salvo para la formulación de los juicios y la comparación entre representaciones.

En cambio para alguien como Hegel —sobre quien me extendí en otro lado— la reflexión, en una de sus tantas puntuaciones, corre pareja con la relación, equivaliendo a un «verdadero sistema de relaciones». Claro que «verdadero» es el proceso más el resultado y el «sistema» no será otra cosa que el procesamiento a que está sujeto. Pero, a la vez que califica a la *reflexión* en su verdad relacional, considera mistificador al «entendimiento reflexivo» (con su postulado intocable: la representación) que glorificaban muchos de sus antecesores.

Reitero mis apreciaciones volviendo, para terminar, a la *Ciencia de la lógica*. Decía en ella que la operación clave de ese entendimiento era la *abstracción*. Abstraer es separar, extraer algo de las relaciones que le prestan sentido, por lo tanto, autonomizarlo como si tuviera un significado milagroso, auto otorgado, es decir, impostado.

Comento. Parecería que el «entendimiento reflexivo», para Hegel, sería el atuendo de una comedia religioso-narcisista, ya que, al «persistir en sus separaciones», atenta contra la razón propiamente dicha, que no rige ni dirige la realidad, sino que tiende a justificarla en la unidad procesual de sus relaciones. Al estar contra la razón «el entendimiento reflexivo» tiene un comportamiento similar a las formas ordinarias de entender un asunto, haciendo prevalecer e imponer el sentido común para el cual la verdad radica en lo sensible, apresada en el punto de vista asumido. De modo que la razón «en cuanto permanece en y para sí no produce más que sueños» (*Ciencia de la lógica*).

La razón dialéctica despeja, así, el malentendido sembrado por el razonamiento común. La mentada «razón» tomada en su unidad no se opone a la reflexión; por el contrario, la exalta como un valioso «instrumento de la filosofía» que posibilita la superación de la enajenación en lo inmediato y el carácter mediato de las relaciones dadas en el proceso reflexivo. Éste se convierte en un pasaje privilegiado, a través de la «reflexión determinante» como fundamento de cualquier «determinación reflexiva» (idéntico, diferente, etc.) de la cosa misma.

Para ir terminando con el croquis de esta *línea*, siempre en fuga, me gustaría señalarla donde tiene un rol subordinado aunque, paradójicamente, guarda uno central, ya no como fundante, sino como referencia obligada.

En la fenomenología sartreana, uno de los últimos bastiones significativos, la reflexión cojea, funciona rezagada, opera cuando la *intencionalidad* de una conciencia vacía y transparente así lo dispone. Los «contenidos», «objetos» (reales o ideales), las «facultades» (voluntad, intelecto, sentimiento) son definitivamente erradicados de la trascendencia de la conciencia (toda conciencia es *conciencia de...*) al mundo. Por ej., cuando estoy leyendo, mi consciencia es pura trascendencia a las palabras, los acontecimientos, la trama, etc., del texto. Recién cuando me preguntan ¿qué haces? y respondo *leo* introduzco con el yo (leo) un acto de reflexión.

La consciencia es caracterizada, entonces, como *vacía* (pura trascendencia deshabitada), siendo «su propia nada», como dice en el *Ser y la nada* y tematiza en *La trascendencia del ego*.

Desde esa nada y el método interrogativo («la interrogación es un puente tendido entre dos nadas» —la de la conciencia y la del ser—) la reflexión es un proceso secundario, pero coperteneciente a la consciencia por estar referida *a* y *desde* ella. Llega post festum, aunque se queda para la otra fiesta, donde participa en la significación de un mundo que la requiere para los intercambios comunicativos y su existencia real.

La línea se vuelve sobre sí misma. Rehúye los puntos clavados en el papel, lo cual se ofrece como un sugerente material para *reflexionar*.

Segunda y tercera desembocaduras

Justo por el medio de esta línea, rehuyendo el punto inicial y terminal (ambos perdidos), se abren dos carriles que, desde hace milenios, buscan transformarse en senderos únicos de un pensamiento que los ironiza como tales, reduciendo lo «único» al polvo de la alternancia con la sombra de un paralelismo sin roces o al combate con armas de ilusorios triunfos.

Al primer personaje del dueto lo denominaría: *el pensamiento como discontinuidad generalizada.*

¿Por qué lo llamo «personaje»? Porque se mueve en el escenario de un constante duelo —con momentos de mutua indiferencia— con otro que le va a la par y le disputa la explicación hegemónica del mundo. A éste lo titularía: *el pensamiento como continuidad plena.*

Ambos vienen desde lejos, de ahí que su duración sea milenaria. Su lucha cuelga de las mismas cuerdas que atan y desatan los forcejeos. A veces se cruzan y anudan. En otras ocasiones rehúyen los encuentros y se recluyen en un clima de certezas innegociables. Por eso tomaré al dueto como modelo de una contraposición que aún dura, junto con sus simulacros y adopciones —no intencionales— de la perspectiva del adversario.

Un comienzo indiscutible del *pensamiento como discontinuidad generalizada* surge con Leucipo (450 a. C.) y su invención del atomismo, pues ha sido «el primero —según Diógenes Laercio— que puso a los átomos por principio de las cosas». Esto es reconocido sin ambages por Aristóteles en su *De la generación y corrupción*.

Para Leucipo no existe el universo como unidad (*universo uno*), pues su composición requiere el vacío (no-ser) y un número infinito de seres invisibles debido a la pequeñez de sus partículas. Se mueven en el vacío, ya que por éste se puede explicar la posibilidad del movimiento y la pluralidad, que son las dos características principales de la experiencia sensorial. De este modo mantiene la idea de la pluralidad de los átomos[60] y su unidad e indivisibi-

---

[60] Átomo significa «no divisible». Sin embargo hay que enfatizar que los átomos son «conceptualmente» —no físicamente— indivisibles, considerando que su carencia de partes es debida a su *imposibilidad*, según apunta Epicuro, quien acepta varias de las caracterizaciones de Leucipo y Demócrito (que los átomos se mueven por colisiones y choques mutuos; las propiedades de los átomos: *tamaño y figura*, a las que le agrega el peso como fundamental; la membrana de átomos ganchudos que envuelve al mundo; los átomos –alma, cuya figura es esférica al igual que los de la mente y el fuego porque debían ser móviles y penetrativos, etc.) Pero rechaza o corrige otras, como p. ej. el mecanismo de su concepción, pues si los átomos se mueven con la misma velocidad en dirección vertical jamás se encontrarían.

lidad. Hay una «pluralidad infinita de partículas,...,
pero cada una de ellas es una verdadera unicidad»

Por otro lado, los átomos —que son tanto elementos como principios— y el vacío son increados
e imperecederos. La base del pensamiento discontinuo tiene aquí un firme punto de partida. Sin embargo los dos caracteres mencionados de la «experiencia sensorial» no son garantías de un conocimiento cierto de las cosas.

Su discípulo Demócrito (460–370 a. C.), en sus
Confirmaciones, extrema la desconfianza de su maestro en los sentidos. En uno de sus fragmentos afirma: «nosotros en realidad no aprehendemos nada
con exactitud, sino lo que concuerda con la condición del cuerpo y de las cosas que le entran y
le presionan», es decir, que ninguno de los sentidos es acorde a la verdad, sino que concuerdan con
nuestra opinión y la aceptación de las convencio-

De ahí que su objeción lo lleve a postular su teoría del
clinamen, desviación o diagonalización, que daría cuenta del
azar de los elementos atómicos y la aceptación de la libertad
que alienta sus movimientos. Así se cuela, desde la antigüedad, la subjetividad y la ética en el corazón de la física. Por
esa razón, asimismo, un autor cristiano como Boecio, en el
entreacto de los siglos V y VI, traduce el átomo griego como *individuum*, un *individuus*, individuo que acaba teniendo como adversario a la *persona* (noción de origen y sentido
religioso) considerada como «una sustancia de naturaleza
racional».

nes, «por convención, se dice, en efecto, "dulce", por convención "amargo", por convención "caliente"...», remarca Sexto Empírico en *Contra los matemáticos*. La convencionalidad rige el mundo de los sentidos para el pensamiento discontinuo desde sus comienzos.

Opinión y convención son dos términos que, tempranamente, condensan la «desconfianza hacia los sentidos», y no porque haya que confiar en ellos, sino porque se los excluye de la posibilidad de tener participación en un «conocimiento legítimo» y sólo podrán concertarse en un «conocimiento bastardo», grupo al que pertenecen, como subraya (refiriéndose a los *Canones* de Demócrito) Sexto Empírico, «la vista, el oído, el olfato, el gusto y el tacto». Sin embargo este último toma su venganza, reinando hasta que sucumbe definitivamente bajo la duda cartesiana. Si todo el régimen de la sensibilidad hace temblar el conocimiento, ¿dónde quedará la verdadera realidad comprobable?

Se la podrá constatar y generalizar sin problemas, ella estará compuesta por átomos («El ser —de los atomistas— es llano y sólido», dice Aristóteles en su *Metafísica*) y vacío («El no-ser es vacío y sutil»).[61] Con la realidad como *compositum* atómico finalizará, simultáneamente, cualquier postulación de *continuidad* atribuible a la misma, que

---

[61] *Idem.*

será: atómica, vacía, y radicalmente discontinua. Y el pensamiento deberá ser un espejo fiel de la libertad realísticamente concebida. Sólo que será un espejo infinitamente quebrado.

En el núcleo de la marca occidental por excelencia emergen dos figuras relevantes que tendrán una posición totalmente opuesta a la vigencia de la *discontinuidad* en los diversos estratos. Cada cual por su lado, uno más lentamente que otro, afirmarán la *continuidad* de la materia y la *negación* del vacío.

Platón y Aristóteles confrontan sin reparos con los atomistas. Ambos sostienen para su argumentación los cuatro elementos (fuego, aire, tierra y agua) que había estipulado el *ciclo* de Empédocles.

A menudo se enumeran los elementos de Empédocles como un listado al pasar que se le atribuye como si fuera un señalamiento meramente descriptivo. Pero se trata de incluirlos, como señalé antes, en un ciclo. La importancia de contemplarlos así es porque sirven de base a la teoría de la continuidad que sostienen Platón y Aristóteles. Éste último lo destaca claramente en su *Metafísica*, lecciones de sus enseñanzas recopiladas por Andrónico de Rodas.

Empédocles, en su poema *Sobre la naturaleza*, articulando un doble relato, pone las bases de lo que compone la naturaleza, también humana, que perdura hasta hoy bajo distintos nombres, aunque característicos de idénticos procesos: lo que une y separa, lo que integra y desintegra, lo que compone y descompone, etc. O, en sus palabras, el *Amor* y la *Discordia*, par antitético tomado literalmente por Freud bajo la variación amor-odio. Así, ligado a un origen constatable, «lo Uno se acreció de la pluralidad y, en otro, del Uno nació por división la multiplicidad: fuego, agua, tierra y la altura inconmensurable del aire y, separada de ellos, la funesta Discordia equilibrada por todas partes y, entre ellos, el Amor, igual en extensión y anchura».

El orden del discurso, como afirma Empédocles, no es engañoso, es decir, un nuevo producto de la observación y catalogación, sino, de un pensamiento que potencia, «la sabiduría». ¿En que consiste ésta en el asunto que nos ocupa? En saber que todos los elementos son «iguales y coetáneos, aunque cada uno tiene una prerrogativa y su propio carácter, y prevalecen alternativamente, cuando les llega su momento». Aquí se destaca la singularidad de cada elemento que una descripción de cada uno por separado (necesidad del Amor para Empédocles) no podría dar cuenta, como tampoco de la incidencia que van teniendo según la alternancia que corresponde a la situación específica en que intervienen.

Los versos del poema que estoy mencionando podrían llamarse, *actores* y *componentes* del ciclo fundante. A continuación la poética reafirma la *continuidad* sustancial que asumen Platón y Aristóteles junto con la negación del vacío y la confirmación de que son seres especiales gracias a los otros en la cooperación y la danza de las mezclas.

La pureza es sólo una ilusión de catálogo. «*Nada nace ni perece* fuera de ellos ¿Cómo podría, de hecho, ser destruido totalmente, puesto que nada está vacío de ellos? Porque, sólo si estuvieran en un constante perecer, no serían. Y ¿qué es lo que podría acrecer todo esto? ¿De dónde podría venir? Sólo ellos existen, pero *penetrándose* mutuamente, se convierten en *cosas diferentes* en *momentos diferentes* (el ciclo es sólo bajo la condición del devenir) aunque son *continuamente* y siempre los mismos (nunca iguales debido a las mezclas constantes)» —curs. y agreg. míos—, como argumenta un diálogo platónico.

Platón recibe y acepta la herencia, pero la pone a trabajar con otros referentes y modalidades. Mantiene la idea de la continuidad de la materia y del Amor como búsqueda de una unidad sustancial que no puede resumirse en ninguna completud lograda. Este es el amor platónico divulgado por las revistas del corazón o «amor de frutería», como lo denominaría, obsesionado con la búsqueda de la media naranja.

Sin embargo, la continuidad de la materia no libra a la teoría platónica de la *discontinuidad* que rechaza (como le ocurrirá a Aristóteles), sólo que ella se cuela, a mí entender, en otro plano. La dejo apenas señalada, es la que se da entre el cuerpo y el alma, discontinuidad nada pequeña ya que teñirá los albores del cristianismo y toda su doctrina.

Los cuatro elementos son recaudados por Platón, pero sus relaciones más firmes se dan con Pitágoras y, en especial, con su enunciación de los poliedros regulares: el fuego (tetraedro), el aire (octaedro), la tierra (cubo), el agua (icosaedro). Y, desde esas figuras geométricas, lanza el paradigma del universo, el planetario dodecaedro.

Mediante una elaboración que toca a los triángulos, sus referentes geométricos lo llevan a la conclusión de que la materia es *continua* e *infinitamente divisible* en su tendencia a lo numérico y, al mismo tiempo, forma los *cuerpos finitos* al tender hacia lo grande.

Respecto a su impugnación del *vacío*, correlativa a la defensa de la continuidad de la materia (discontinua respecto a la inmortalidad del alma), habría que hacer un largo circunloquio por la Khôra platónica que no es sujeto ni objeto ni está sujeta a ningún tipo de interpretación, sea hermenéutica o científica.

La enuncia en el *Timeo*, donde la llama receptáculo o también lugar (*Khôra*), aunque puesta expresamente en ese texto está diseminada en toda su obra. *Khôra* no pertenece al reino de la idea (*eidos*) ni de los aspectos o imágenes en que ella se ofrece. Si se puede afirmar algo de *Khôra* nunca dejará de ser contradictorio, puesto que no es. Su no ser es inaprensible, no se da ni se recibe en una imagen parcial o en una perspectiva determinada.

Los dos géneros de ser conocidos (estable y aparente) son extraños a sus parámetros. Como no es ni puede ser sólo le cabe ser un *anuncio* de lo inefable, impasible y amorfa (*amorphon*) como la caracteriza el mismo Platón.

Con éste ya queda enunciado lo que será un arduo trabajo propio y posterior, el desarrollo del concepto de lugar (*Khôra*) en contraposición al abstracto de espacio que las postulaciones científicas —a partir del espacio absoluto de Newton— impondrán, arrasando con las sustanciales diferencias que hay entre uno y otro.

Entonces, surge la siguiente pregunta: ¿será *Khôra* un lugar vacío que no se identifica con *el* vacío y su afirmación discontinua? La respuesta exige, nuevamente un largo rodeo; rodeo que es el camino mismo a recorrer, ajeno a la finalidad de este texto.

Aristóteles se pliega a la teoría de la continuidad —sosteniendo a la vez, según mi apreciación, la discontinuidad en otro plano—. Es más tajante y radical que su maestro, con el que disiente en varios tópicos, al afirmar la continuidad de la materia y su contundente negación del vacío. Retoma y explicita (véase su *Metafísica*) la teoría de los cuatro elementos de Empédocles, destacando el *ciclo* en que juegan. Dicho movimiento determina que entre los cuatro elementos no existen huecos o vacíos.

Sin embargo, creía que la materia era divisible al infinito, mientras que el impedimento a su división no provenía de la misma sino de una limitación instrumental. Así desecha cualquier solución atomística de la materia y la idea de que sus componentes son indivisibles, como sostenían Demócrito o Epicuro.

Ahora bien, ¿por qué para Aristóteles el vacío es inimaginable? Porque deberíamos anular, al aceptarlo, un punto donde el móvil no tendría resistencia alguna y, entonces, tendría una velocidad infinita, lo cuál es un absurdo. Los capítulos 6 a 9 del libro IV de su *Física* se dedican a fundamentar esa exclusión. Así la continuidad queda asegurada por un «motor inmóvil» que actúa sin pausa.

Esta *sustancia* (es clave entender la modalidad de tal concepto en Aristóteles, quien lo introduce en el vocabulario filosófico y cotidiano) no posee una entidad física, sino que es inmaterial e inmóvil. Su función, incluso discursiva, era la de comunicar a la última esfera del cielo el movimiento[62] que la ponía en marcha, transmitiendo esa movilidad a los demás componentes del círculo celeste.

La *Khôra* (lugar) platónica no era objeto de concepción, sino que estaba caracterizada por el no ser, un estrato diferente al del ser y la apariencia, el ser y la nada, duplas que la *Khôra* elude. Su discurso, entonces, abre un *lugar* (es preciso no perder de vista este término ni fundirlo rápidamente con el de *espacio* como si fueran sinónimos) que se opone a la «apertura sin fondo del Caos», como subraya Derrida. Es, en su no ser, una hendidura abismal que reparte diferencias *entre* lo sensible y lo inteligible, *entre* el cuerpo y el alma, sin ser ubicable en uno u otro, es el *entre* mismo en su operación diferenciante.

Heidegger capta ese orden de disposición del discurso que le cabe al lugar platónico del *entre* en cuanto discurso en abismo. No lo localiza donde Platón lo elabora con más extensión, el *Timeo*, sino en el lugar (*Ort*) disperso en su obra. Él señalará ese *lugar* como la diferencia ontológica fundamental que se da *entre* el ser y el ente.

---

[62]En el libro V de la *Física* elucida el concepto de movimiento.

La idea de *lugar*, entonces, le llega al estagirita por Platón, aunque toma un rumbo distinto. En el libro IV de la *Física*, capítulos 1 a 5, expone su noción de *lugar*. Hay un impedimento para entenderla claramente. Se interpone la proyección de la idea moderna de espacio sobre ella.

Damos por supuesto que, en la naturaleza, existe el espacio infinito con los cuerpos que lo habitan. Para Aristóteles suponer un espacio sin cuerpos es típico de una frondosa imaginación matemática. El cosmos, según él, tiene partes bien diferenciadas y el *lugar* emerge como producto de la diferenciación de las distintas regiones. Aquí el medio, el ambiente (uno de los aspectos del *mittell* hegeliano), es capital.

Cada cosa tiene una inserción ecológica determinada y gracias a ella es lo que va y puede ir siendo. Así queda situada la noción de *lugar* y su discriminación del *espacio*, según el concepto moderno, en el discurso aristotélico. Y no es razonable sacar conclusiones apresuradas, como se hace a menudo, sobre su obsolescencia.

Lo anterior desliza una correlación necesaria con la noción de *vacío* que refuta, como indiqué, en los capítulos 6 a 9 del libro IV. Esta vez se arroja sobre su fundamentación la física matemática moderna, y, en especial, las tres leyes de Newton[63] que dan por sentada la realidad del vacío.

Por su conducto se filtra un malentendido, o sea, que se maneja una idea de sustancia idéntica en uno y otro campo, cuando, en verdad, son totalmente antagónicas. Mientras la física moderna entiende la cosa como estable e inerte, cuyos modelos son los sólidos, la que sostiene Aristóteles es puro estar en movimiento (*en-ergeia*) siempre siendo, pasando del mero cambio a una efectiva transformación.

Además para Aristóteles la cosa para ser tal debe tener una relación viva con su ambiente, estar en su *lugar*. De modo que el rechazo del vacío que ofrece el estagirita se apoya en una concepción ontológica, a la que responde su concepto de sustancia, más que a una de corte matemático. O sea, la refutación del vacío es solidaria del concepto de sustancia que posibilita su argumentación.

Como en el caso de Platón cabe interrogarse si Aristóteles es un *continuista* absoluto o se reserva la *discontinuidad* para dar cuenta de universos diferentes. La cuestión proviene de que estimo una gruesa equivocación mantener una dicotomía tan extrema entre una y otra posición, ya que, en ge-

---

[63]No es ocioso recordarlas. Son las leyes de inercia, fuerza y acción-reacción.

neral, ambas se tocan de manera obvia o imperceptible en las elaboraciones de los autores más anta-
gónicos.

¿Por donde se desliza la discontinuidad en el
continuista Aristóteles? Según mi enfoque en la escisión que establece entre la mecánica celeste y la
terrestre. La separación tajante entre el «mundo terrestre», sus movimientos diferenciados, sus objetos
específicos que tienden al reposo y que caen en él
si no se les aplica una fuerza que los impulse;[64] y el

---

[64]Es sabido que los griegos ignoraban el principio de inercia (primera ley de Newton) y la presión atmosférica que recién se conoce plenamente con E. Torricelli cuando construye su barómetro en 1644, uniendo ciencia y técnica. Ahora
desearía hacer una puntuación en referencia a la noción de
vacío que he considerado hace un momento. Es indiscutible que la presión atmosférica dio una orientación científica
a la misma que no poseía. El *espacio* lleno de gases flota
a una presión total menor que la presión atmosférica que,
cuando disminuye, da como resultado que el vacío sea mayor. No cabe duda que esto representa un avance a nivel
científico-técnico y de gran utilidad preventiva. Pero ello
no autoriza a creer y proclamar que lo *superado* —noción
superada— es el pensamiento de quienes se ocuparon del
asunto en otras direcciones y bajo conceptos que desde los
territorios científico-técnicos son plenamente ignorados.
A propósito de la refutación que hace Newton de Aristóteles ya volqué algunas observaciones. El pensamiento va
dando cuenta de la creación, elaboración y procesamiento
de sus propias ideas y conceptos, independientemente de los
logros científicos, sus adelantos y retrocesos. Se nutre de

«mundo celeste» cuyos objetos se ubican en esferas que rodean la tierra provistos de un movimiento eterno, circular y uniforme, instauran una discontinuidad entre ambos que no resuelve la decisión de otorgar una continuidad a la materia.

Dejo de lado si aquella puede extenderse a los avatares del *alma* como los trata en su magnífico libro *Acerca del alma*. Pienso que tampoco este es el lugar para dilucidar tales cuestiones. Sólo las pongo a mano de quién desee trabajarlas. El pensamiento sigue sus derivas sin sosiego circulando entre lo que llamé *continuidad plena* y *discontinuidad generalizada*, incluyendo en sí la *relación* que fundamenta al pensamiento en su plena y generalizada desnudez.

Las caracterizaron sus mitologías, enfrentamientos y escaramuzas. Un ejemplo es el debate, tan frontal como espectacular, que se dio en la biología «homuncular» entre ovistas (continuistas) y espermistas (discontinuistas). Las consecuencias al final fueron nulas porque se dieron cuenta de que para generar un ser humano el espermatozoide debía

---

saberes diversos (y obviamente los científico-técnicos), sin desechar ninguno y, a menudo, los incorpora en un plano de igualdad.

Desde tal enfoque es innegable que el pensamiento participa de un abierto juego democrático, fuera del poder y la vigilancia de un agente privilegiado.

encontrarse con el óvulo. Por suerte, el «pequeño hombrecito» (ese homúnculo que pergeño Paracelso), habitante del cruce del óvulo y el espermatozoide, cedió su paso sin escándalo y tales conjeturas cayeron sin pena ni gloria. Esta es una de las risueñas disputas, por no decir patéticas, que abundan en todos los campos.

Es, tomando un ejemplo de otra disciplina, la clave para el *Nuevo sistema de filosofía química* (1808) del inglés J. Dalton, donde sostiene una teoría atómica, es decir discontinuista, hasta el tardío arribo de la *Hidrodinámica* (1738) de D. Bernoulli donde expone su célebre ecuación acerca del comportamiento de los flujos laminares moviéndose en conductos cerrados. Sus aplicaciones son innumerables (chimeneas, tuberías, carburadores de automóviles, etc.), pero la relevancia de este continuista reside en su vecindad con la termodinámica, no en un puesto de combate para repeler al «enemigo».

El listado sería inmenso y tedioso. Solo cabe destacar que persiste desde aquellos albores ejemplares, arrastrando equívocos y erróneas atribuciones. Volveré sobre ellas al final de esta parte.

Existen quienes proponen desviarse, tomar otros rumbos y actitudes en relación a las querellas entre las corrientes que se atrincheran, sin darse tregua, en las macizas barricadas continuistas o disconti-

nuistas no menos compactas. Ambas parecen reclamar esa solidez y estabilidad que detentaba el
objeto clásico y, a menudo, lo hacen en nombre de
su rechazo.

Pero lo que suele estar en juego no es el afán
por esclarecer la problemática, la red conceptual,
alentar los asuntos que hayan surgido durante una
investigación o los interrogantes que pueden cues-
tionarla. En cambio, se impone la *libido dominandi*.
Lo que se descarta es la creación de algo no previs-
to, la anticipación de un nuevo diseño, el descubrimiento de aquello dormido en el mismo lugar en
que nos habíamos detenido tantas veces. El punto de vista asumido será la regla de todo el comportamiento y las elaboraciones posteriores. La repetición será mera reproducción, escondida en la
máscara polémica, es decir, en el armamento que
defiende el feudo conquistado.

El viejo *polemos* ha delegado su guerra vital[65]
a la batalla mediática por imponerse de cualquier

---

[65]Está muy difundida la banalidad de que Hegel era un
defensor de la guerra sin aclararse que entendía por «guerra». Aquí va su *mención*, mientras dejamos su *uso* remanido
para amantes de la literalidad. Cuando desarrolla su teoría
del estado en su apartado sobre la «Soberanía exterior», en
Principios de la filosofía del derecho, dice, orientando su
crítica a la *paz perpetua* de Kant, «En lo que se acaba de
indicar reside el *momento* ético de la *guerra* que no debe
considerarse como un mal absoluto (idea compartida por el

forma y manera. La polémica ya no tiene rigor ni vigor, se ha disuelto bajo el manto, el escondrijo acobardado, de la opinión instaurada por una indeterminada voz de mando que dictamina opinar en tal o cual dirección.

Por eso el espectro opinático en la actualidad es una reproducción de consignas y ocurrencias carentes de *iterabilidad*. Y con este término estamos en el núcleo del desvío que podría salvarnos de una contienda y las trifulcas que caracterizaron a ambas líneas.

El tiempo ya las relegó a un altercado entre conservadores que no están dispuestos a ceder un ápice de sus posesiones. La propiedad, en ellos, le lleva una gran ventaja al pensamiento.

Sin embargo, es *itara*, quien alimenta las provenencias y modificaciones inmanentes, la que acude en nuestra ayuda. Ella es la composición íntima de la *iterabilidad*. Designa la repetición de lo *mismo* (continuidad) y simultáneamente su *alteración* (discontinuidad). El infinito continuo yace ahora en lo discreto mismo. Ahí se muestran plegados. No es

---

Freud de *¿Porqué la guerra?*). La guerra es la situación en la que se toma en serio la vanidad de los bienes y de las cosas temporales, ...». Y, enseguida, viene una especificación sustancial que intencionadamente se pasa por alto, «Más adelante se verá que esta idea es *sólo* filosófica, o como se suele expresar, es una justificación de la *providencia*, y que las guerras reales necesitan aún otra justificación».

preciso acudir a ninguna trascendencia, pues dicho infinito es ínsito —y viceversa— a lo finito sin excepción.

Todo consistirá —ya lo señalaré— en la manera en que el mundo se componga, retracte y expanda (aunque ninguna de estas palabras nos sirvan más adelante) como proceso normal de la constitución que abarca desde una formación rocosa hasta las inflexiones del alma humana.

Poco a poco la contienda y sus voces van cediendo lugar a otros aportes que no se refugian tras sus certidumbres aplanadas, sino que participan de una dubitación pasajera o abren sus fundamentos sobre comprobaciones, resultados y aplicaciones.

Una marca en la literatura

La resonancia de los altercados y malentendidos no han dejado indemne a la literatura. En sus dilatadas regiones (¿dónde comienzan o terminan sus fronteras?) es M. Blanchot quien asume una discontinuidad que tiene el rango de «exigencia», aunque su texto[66] está escrito en términos de una reflexión que demanda «el anuncio de una relación muy distinta que ponga en tela de juicio el ser como continuidad (un postulado que tiene la misma antigüedad del pensamiento y el olvido de que lo "continuo" es un paradigma — agreg. mío), unidad o concentración del ser».

El «anuncio» es la condición del pensamiento como discontinuidad que invertiría el viejo orden, ese «postulado tan antiguo» que rige con toda fuer-

---

[66] *El pensamiento como exigencia de discontinuidad*, relato tan cautivante por su escritura y reflexiones como poblado de algunas veloces conclusiones y atribuciones. Mis observaciones críticas a muchos de sus planteos están regidas por la pauta que las orienta: la elucidación de la problemática que estoy abordando y el profundo respeto y admiración por el autor o autores a los que me refiero. Se trata del respeto de siempre y de esa antigua admiración, ajena a la fascinación, que para algunos posee un tinte anacrónico y cuya sustitución por otro temple anímico sería moderna y razonable (Bataille). Mientras que para otros, entre los que me encuentro, «la enfermedad del mundo actual consiste en la incapacidad para admirar» (Deleuze).

za desde Platón y Aristóteles: la continuidad esencial del ser y el pensamiento. Este supuesto resurge como preocupación de «un habla *profundamente continua*». Su polémica atraviesa la obra de Lautréamont, Proust, el surrealismo, Joyce y otros.

El exceso continuista dio lugar a obras «escandalosas» que hirieron la comprensión habitual del lector. Es imposible, entonces, para Blanchot desconocer la relación de infinidad, de corte y abismo, de disimetría e irreversibilidad, que existe entre dos hablas,[67] insitas a la significación de todo lo que está en juego. De ahí su pregunta central,

---

[67]En el escrito de Blanchot esa «relación de habla» es donde se articula lo desconocido como una relación de infinidad. Dicha relación debe tener un índice de «curvatura», es decir, la relación entre una y otra habla jamás puede ser directa, sistemática o reversible. Además no forman un conjunto de parejas reciprocidades, ni se sitúan en un mismo tiempo y, por ende, no son contemporáneas ni conmensurables. Ignorar esto genera los dos inconvenientes corrientes: un lenguaje de afirmación y respuesta y un lenguaje lineal, o sea, «*un lenguaje donde no se hubiera puesto en juego el lenguaje mismo*».

Hablando del mismo concepto Deleuze, a diferencia de Blanchot, no toma la «curvatura» como un índice, sino que para él «el mundo es una curva infinita», convergencia de todas las series de puntos de vista, lo cual excluye que pueda haber un punto de vista universal. Y es en relación a los puntos de vista y las almas irreductibles donde anida la *infinidad*. Es decir, en disonancia con Blanchot, aquella se da plenamente y de manera contínua.

«como escribir de tal modo que la continuidad del movimiento de la escritura pueda dejar intervenir, fundamentalmente, la interrupción como sentido y la ruptura como forma», palabra esta última, como subraya al comienzo de su escrito, que soporta todo el peso de la interrogación.

Previamente había consignado que las soluciones asumidas en el curso del pensamiento (a nivel histórico-conceptual) tomaron dos direcciones opuestas, que son las que venimos elucidando y tratando de precisar, aunque la imposibilidad de exponer todos los matices hace que, por momentos, desaparezca la presencia de lo otro en lo mismo, la iteración que mostraría la riqueza de lo explorado.

La primera orientación, para Blanchot, supone la exigencia de una continuidad absoluta y de un lenguaje que denomina esférico. El modelo es el propuesto por Parménides. Esta es una interpretación demasiado rotunda y cerrada tratándose de un presocrático, además de estar teñida de una sutil antipatía. Digo esto porque la simpatía parece estar puesta en Heráclito (ver su texto homónimo), llamado el «oscuro» (*Ekoteinós*. El mismo apelativo que usaron, pasados más de dos mil años, para nombrar a Hegel y después a Mallarmé). Lo que al «enigmático» —que dejó jirones de textos— le concede, al «apacible» Parménides y su poema se lo retacea. En el lecho de su arroyuelo la corriente no corre, lo cual no le quita existencia, sino que se da como que «todo lo que es es». En cambio en el torrentoso río heraclíteano «todo fluye». Así el antagonismo y el fácil manejo de la dualidad está servido.

Tanto los pocos fragmentos como el poema han pasado el examen a que fueron sometidos por otros indudables, y sin duda meritorios, examinados en múltiples ocasiones. Las *oposiciones* se han cumplido. Ahí están los registros y las autoridades que las confirman. La separación se ha institucionalizado. Las milenarias esquirlas bélicas y el canto doctrinal ya no combaten —por otro lado nunca lo han hecho—. Ahora sabemos que la lucha era una alucinación proyectada sobre la pantalla mitológica de los relatos, que excluía el poder que tenía la palabra de sobrepasarse a sí misma en cada historia lanzada por ella, en cada traducción acogida y desautorizada por ella.

En realidad Heráclito no dijo lo que le hizo decir un celebrado autor alemán hace ciento diez años, ni Parménides escribió una leyenda para la lápida de un cementerio. Ambos dejaron que el colibrí de la palabra absorbiera el néctar de la más pura poesía del pensamiento.

En conclusión: hay otros puntos de vista menos aferrados a una interpretación canónica que, con sus descubrimientos, evidenciaron un curso más enriquecedor del pensamiento parmenídeo, que ya no rueda en una geometría esférica, la sección, el punto y el corte, sino en el plegamiento del ser y el pensar. Ese plegamiento y su destinación dan una dirección inesperada a la pregunta ¿qué significa pensar?, envuelta en la infinidad de pliegues de un poema que invoca sus límites deshaciendo sus limitaciones.

La segunda orientación implica la exigencia de una discontinuidad más o menos radical. Se trata de la denominada «literatura del fragmento» que caracteriza a los pensadores chinos, a Heráclito, los diálogos de Platón (inclusión ambigua que filtra Blanchot, pues en ellos es donde expone su teoría de la continuidad. El corte con su *idea*[68] quizás esté en otro lado, conjetura que ya lancé anteriormente), a Nietzsche, G. Bataille y una constelación de escritores.

Sin embargo, con fina intuición, señala los riesgos que pueden correr las posiciones asumidas. El de la continuidad sería el de convertirse en un desarrollo simple que puede aniquilar la irregularidad de

---

[68]Término que ya circulaba ocasionalmente entre algunos presocráticos (Anaxágoras, Jenófanes, Demócrito), pero que Platón impulsa hasta convertirlo en una «filosofía de la idea». De modo que podríamos decir que aquellos usan el término y Platón crea su concepto.

la «curvatura». Y el de la discontinuidad el de ser una simple yuxtaposición de términos indiferentes.

El pensador francés conjetura que hasta Hegel no hay resolución (la mirada sobre Aristóteles es parcial y omite lo principal, su *Física*) entre los dos opuestos en la nada misma; una nada más esencial que la nada abstracta, correlativa del ser también abstracto. Aquella, a diferencia de tales abstracciones, es la nada como obra y movimiento que contiene el «vacío del entredós» y un intervalo que se ahonda en su realización y culmina en lo faltante, en la falta como efectivo poder de resolución.

De esta forma la dialéctica hegeliana queda absorbida por una especie de teo-nadificación, operante en la síntesis y reconciliación que los opuestos llevan a cabo. Es la comprensión de la dialéctica que caracteriza a una época e insuficientemente a la obra de Hegel.

Blanchot somete la dialéctica atribuida a Hegel en el movimiento de una nada obradora que posee dos direcciones. Una que se dirige sin apelación «al vacío del entredós» (empleo irreferencial y parafraseado del entre-dos de Heidegger), siendo este vacío el que otorga sentido a la contraposición de los opuestos como tales. Otra que instituye un intervalo entre los polos cuya concreción es una eficaz desrealización o coronación de lo faltante como meta dialéctica.

Pero, lo que se olvida, en esta difundida interpretación, es que *entre* la nada y el ser, abstractos en cuanto carentes de determinaciones, no se establecen movimientos guiados desde una falencia (otro nombre de lo negativo) sino desde el *devenir*, como estipula en la *Ciencia de la lógica*. Sobre su «comienzo» («¿*Cuál debe ser el comienzo de la ciencia?*») fuera de texto, mejor dicho: arrojado del texto —31 párrafos contundentes— se ha escrito con una pasión voluminosa.

Para aquella, la verdad, comienzo mismo de la ciencia, «no es el ser ni la nada, sino aquello que no releva, sino que ha relevado, es decir, el ser ya traspasado en la nada y la nada en el ser». Una penetración mutua, carril del mismo devenir.[69]

---

[69]Cuando más arriba mencioné que la dialéctica asimilada a la teología negativa (impulsada por el motor de la *negatividad*) caracterizaba «a una época e insuficientemente la obra de Hegel» no me refería a un período de tiempo apretado entre dos fechas, sino a la vulgarización de una perspectiva epocal que todavía sigue vigente, la de un Hegel que finaliza su pensamiento en la «reconciliación absoluta» de las contradicciones, incluidas las de clases, aunque ellas no formaran parte de sus conceptos. Y, por lo tanto, su «reconciliación» pudo ser aprovechada por un mediocre beato como H. Fr. W. Hinrichs para preguntarse en 1822 si la religión debía superarse y conservarse (así se malentendía —y su divulgación continúa por esa vía— su *Aufhebung*) en la filosofía, como hacía Hegel, o al revés. Como imperaba el oleaje de la persecución demagógica (*Demago-*

gen-verfolgung) con el apoyo del gobierno prusiano, triunfó el revés y su «reconciliación» terminó siendo una rotunda victoria del cristianismo.

Por suerte doble, en el presente, la valoración de Hegel sigue sus marchas y contramarchas. La multiplicidad de enfoques van desde augurar *El porvenir de Hegel* —de Catherine Malabou— que adviene por la plasticidad explorada en la obra del suabo y que acoge toda su obra, hasta las anteriores de Heidegger, Gadamer, Derrida y un listado que requeriría un volumen a próposito.

Sin embargo me gustaría aludir en esta condensada nota a un Hegel advenido como inadvertido. Según mi apreciación Hegel y posteriormente Marx son los pensadores del *pliegue* enclavados el siglo XIX. No ignoro que es un señalamiento audaz y que haría falta una justificación considerable al respecto. Quizás ocurra en forma de escritura libre, no temática ni capitular. Pero no es el *momento* —sobrepasamiento del tiempo en el mismo tiempo, excesivo, poietico, no cronocosificado— de hacerla, hegelianamente hablando. *Momento* un poco lejano de la operación de la «nada obradora» que menciona Blanchot. Es el *pliegue* que hace ser al tiempo su propio exceso, produciendo una *temporalidad originaria* donde el porvenir es tiempo advenido, no el que llegará o no en un mañana. Así, la sucesión y el instante convencionales crono-tópicos quedan fuera de los tránsitos lógicos y sus velocidades «especulativas».

Me refiero al concepto «especulativo», no al contemplar la noche estrellada o el vuelo de una mosca en el espejo siguiendo las cabriolas de la asociación libre.

En lo que toca a Marx, pienso que otro tanto ocurre con el *plus de valor* enunciado por él, donde se *pliegan* todos los desarrollos sobre el modo de producción capitalista. La continuidad de sus conceptos sobre el plus de valor *absoluto*

Ese sobrepasamiento no los hace iguales o indistintos, sino «*absolutamente diferentes*, pero son a la vez inseparables e inmediatamente cada uno desaparece en su opuesto. Su verdad, pues, consiste en ese rebasamiento continuo, inmediato desaparecer de uno en otro: el *devenir*».

Como es obvio el devenir no puede ni tiene su resolución en «la nada obradora» ni en lo «faltante» constitutivo. Por el contrario, si obtiene una resolución transitoria, sólo la logra en su tránsito inacabado e inacabable por su incesante movimiento poietico-disolutorio.[70]

Sin embargo, la elección de Blanchot es inequívoca (no así su alternancia, ya que tenemos que vérnosla de manera constante con el doble riesgo indicado). La discontinuidad es la «propiedad» constitutiva del hombre. De esa manera desliza, acompañado de *La filosofía del álgebra* de J. Vuillemin, una aserción contraria a la «duradera afirmación» (léase, que viene desde Platón y Aristóteles) de una continuidad absoluta. Ella establece que «hay una

---

y *relativo* van replegando hacia ellos, bajo distintos límites, lo que va desplegando a través de distintas nociones sobre el capital, sobrepasamiento excesivo del capital en el capital sin necesidad de que lo caractericen desde fuera, ya que se trata de un exceso retenido como origen, o lo que considera, en sus términos, *capital originario*.

[70]Para ampliar algunos rasgos del mismo remito a los comentarios hechos en este ensayo págs. 101 a 105.

potencia de infinito que eleva la infinidad por encima de lo continuo, o también, lo continuo no es más que un caso eminente de la infinidad» o de la apertura que no tiene cierre en ningún tiempo ni lugar.

Queda, por fin, un testimonio indeleble de Blanchot sobre la continuidad. En *La ausencia del libro*, considera que el libro (desde el libro empírico hasta el llamado: Obra) en cada una de sus formas incluye el saber como la presencia de algo presente de manera virtual, aunque sea inmediatamente accesible, necesite o no mediaciones y relevos. Por medio de distintos niveles: en el inferior, la presencia de un significado, encima la de una forma y, más elevado aún, la de un sistema de relaciones siempre presente, más no sea como una posibilidad por venir. Y concluye esta diferenciación con unas líneas que dicen, «El libro envuelve, desenvuelve el tiempo y conserva ese desenvolverse como la continuidad de una presencia donde se actualizan presente, pasado y futuro». Será entonces, *la ausencia de libro* la que revoque toda continuidad de presencia, la interrogación que el libro porta y la permanente insinuación de su sentido. En síntesis: la ausencia de libro eludiría manifestar la totalidad de las relaciones que definirían el *saber absoluto* de Hegel o la *Obra* de Mallarmé, dimensiones, ambas, que pretenden instaurar la universalidad en el saber que bebe *el absoluto* en su realización acabada o en la *Obra* que toma conciencia de si misma coincidiendo, así, con la ausencia misma de obra, hasta no ser más que «la Obra siempre ya desaparecida».

Sin embargo, la no coincidencia del «saber absoluto» y la coincidencia de la «Obra» con su ausencia, no resuelve para nada la cuestión que plantea el primero, o sea: el *pliegue* que hace ser al tiempo su propio exceso no cierra en ninguna parte ni lugar, puesto que el ser es envoltura y desenvoltura del tiempo —no convencional—, continuo proceso de transformación. Tampoco la que desliza la segunda. Al adquirir «conciencia de sí», la «*Obra*» se interna en la propia subjetividad que cree superada mediante la serie de desvíos que puede realizar. De modo que lo que hace es internarse en la imposibilidad de huir de la presencia a si misma, y ser nada más que el fantasma fenomenológico de una ausencia obrada en pleno presente y en su huidiza presencia.

Entonces, ¿no habremos resbalado de una *exigencia* a una *exageración* del pensamiento como discontinuidad que tiene un opositor similar en un pensamiento de la continuidad que no permite interpenetración o inserción alguna entre ellos? Continuidad poco dialéctica, infinidad insatisfecha con su sumisión al corte, la falta y la ausencia. La exigencia parece que se cumpliría mejor fuera de los lugares demasiado superpoblados, más serenos y mejor oxigenados. Hacia ellos caminaremos.

Antes caben unas preguntas, como epítome del veloz pasaje por la posición de Blanchot: ¿la continuidad se reduce a cómo él la entiende y postula?, ¿no habrá una formulación, también moderna, que la modernidad dejó de lado, o por lo menos ensombreció con interpretaciones excesivas y unilaterales?

No contestaré directamente estas preguntas, sino que muchas de sus respuestas surgirán con las apuestas del mentor de uno de los modos más originales de concebir la continuidad *en* la discontinuidad, sin que ninguna rehúya la cohabitación y constatación de la infinitud en la finitud.

Un encuentro sin colisión en la misma realidad

La nueva geometría curva (que incorpora la teoría de la relatividad y por ella deja atrás la euclidiana), aunque no sea propiamente una geometría, nos revela el supuesto «escándalo» de la continuidad como producido por la *in-discreción* con que un pensamiento *discreto* la aborda mediante el gozo de las divisiones y exclusiones.

Ello trascurre en el plano de un pensamiento complejo, que en este caso es apropiado llamar *fractal* (de *fractus*: interrumpido, irregular, quebrado, etc.), por razones de peso, en lugar de simplemente, *discontínuo*.

Así surge, dejando una marca imborrable, la «nueva geometría» propuesta por Benoît Mandelbrot, quien la elabora a partir de conspicuos antecedentes[71] y, sin mencionar expresamente el término, destaca la relevancia que tiene la *importación*, lo que importa e impronta, en los procesos creativos y del pensamiento a secas.

---

[71]Benoît Mandelbrot, *Los objetos fractales. Forma, azar y dimensión*. Hablando de sus acompañantes y «exportadores», dice en el prólogo a la segunda edición, «En particular he tomado de Georg Cantor los polvos de Cantor, de Giuseppe Peano y Helge von Koch, las curvas de Peano y Koch, y de Felix Hausdorff el concepto de dimensión de Hausdorff», a la vez que remite de manera precisa a las sinuosas «piezas sueltas» que ha ido importando hacia su suelo fractal.

Estimo que la indicación es provechosa. Por un lado se evita seguir con una larga y estéril confrontación. Por otro la discontinuidad y la continuidad pueden seguir la ruta de un paralelismo, de una autonomía o de un entrecruzamiento creativo donde no se escatima el aporte de ningún *desviante*. Y un último aspecto estaría marcado por las aperturas de una cierta ubicación que después esbozaré.

Es reconfortante seguir los pasos mínimos de alguien que ha creado una disciplina, ligada a la aventura de su formulación, y que ha posibilitado a un pensamiento singular alojarse en su producción.

Una derivación, antes de proseguir, significativa para este trabajo. Existe, de forma implícita, una consonancia parcial con la posición de F. Laruelle,[72] a la vez que una amplia desavenencia. Ambas vienen a cuenta de la «nueva geometría» que introduje hace un momento por una razón ajena a la de Laruelle. Para él, asunto que comparto, es imposible desligar radicalmente el pensamiento de la ciencia sin caer en una metafísica peor que la cuestionada, donde, a la larga, la ignorancia hace escuela.

A propósito de este asunto valga una ilustración. En relación a las chapuzas de los «pensamientos innovadores», que comenzaban a invadir

---

[72]La desarrolla en su «*Théorie des identités. Fractalité généralisée et philosophie artificielle*».

el *Centro Universitario Experimental de Vincennes* (1969), Deleuze afirmaba en 1979, con firmeza, que era «especialmente indispensable» la creación de un «Vincennes-Ciencia» que no anulase el *Centro* anterior, sino que le otorgara una fuerza y consistencia que comenzaba a escasear. De este modo quedaba a merced de los ataques retrógrados y reaccionarios de Giscard d'Estaing y el ardiente apoyo de Jacques Chirac, en ese momento alcalde de París. Es interesante no olvidar esto en función de lo que podría ocurrir en nuestra propia geografía socio-institucional debido a la idiosia progresiva alentada por padrinazgos de un lamentable carnaval político e intelectual.

Aquel Vincennes-Ciencia, promovido por Deleuze, apuntaba a la pedagogia del concepto que atraviesa, por ej., de punta a punta su libro *¿Qué es la filosofía?* De modo que tenía «un gran interés pedagógico introducir en el *interior* de cada disciplina la resonancia entre diferentes dominios...». Y, por ello, la creación de esa institución era prioritaria, acompañada por el «método de enseñanza» señalado antes. El ejemplo escritural, inadvertido hasta hoy, que daba una proyección inusitada a esa propuesta fue *Mille plateaux*, editado en 1980, un año después de plantearla. Texto que además de continuar al *Antiedipo*, y sobrepasarlo, practicaba la «resonancia entre diferentes dominios» de una forma ejemplar e inédita.

Por eso, la problemática ontológica no puede ser independiente de los resultados científicos. Pero, la contraria, a mi entender, tampoco es válida. De ahí que una *filosofía* que pretenda dar cuenta del *ser* (se equivoca Laruelle en su alusión a Heidegger) independiente de las formulaciones científicas es impensable. Y la ontología postestructuralista de la *singularidades libres* es irrelevante, pues termina sumergiéndose en una metafísica ocurrente y confusa.

La única manera, según su postura, para salir de esa situación es que las elaboraciones sobre las *singularidades* mencionadas capten que los elementos de los cuales está hablando son los *fractales* ideados por Mandelbrot.

Entonces, para nuestro autor, la solución es ligar la concepción de las *singularidades libres* (y de la singularidad en general) a la teoría científico-ontológica de los fractales, explanada por el creador polaco. Mientras la ontología propuesta por Laruelle sería una «teoría de la fractalidad generalizada». Así quedaría engarzada, pienso, una cierta ontología con la ciencia y la técnica.

Sin embargo, para Laruelle —habiéndose formulado la teoría de los fractales— alguien quedaría fuera de concurso y ya su discurso resultaría innecesario. Se podrá, entonces, prescindir limpiamente de Leibniz (para quien escribe esto, en cambio, es insustituible) sin tener que referirse para nada a sus inolvidables aportes. Y ello por la sencilla razón de que siguen vigentes en cada nueva lectura de su obra, que no es objeto de una superación hecha a la medida de cada uno.

Responder sin apuro ni descrédito a todas estas cuestiones en una tarea fundamental, siempre conjugada en un tiempo que adviene, silenciosamente, cuando creemos que todavía no arribó. San Agustín le dice a Nietzsche que ese tiempo no es ni nunca será. Éste le responde: sin embargo avanza con pies de paloma.

Después del peregrinaje volvamos a Mandelbrot. Al comienzo de su ensayo aclara que muestra «ejemplos de curvas que no tienden al infinito, pero cuya longitud entre dos puntos cualquiera es infinita». La aclaración es el soporte de la invención mencionada: *el objeto fractal.* Su tratamiento surge en primer término en relación a «objetos muy familiares pero demasiado irregulares para caer en el dominio de esta geometría clásica: la Tierra, la Luna, el Cielo, la Atmósfera y el Océano».

El aliento, cuyo descubrimiento fue tardío, Mandelbrot lo recibe del libro *Los átomos* de Jean Perrin (premio Nobel de física en 1926), de ese traspaso y desposesión constante que se da en la historia de las ideas.

Los objetos «naturales» nombrados arriba constituyen *sistemas,* pues están formados por partes diferentes articuladas entre ellas y la *dimensión* (concepto que trae del matemático Hausdorff) *fractal* describe un rasgo de esa regla de articulación. Un punto o una serie finita de puntos constituyen una *figura de dimensión n* y una figura que está entre 1 y 2 «ha de ser más "deshilada" que una superficie ordinaria, pero más "maciza" que una línea ordinaria».

La conclusión final es el comienzo que marca el sentido del ensayo y una de sus enseñanzas claves: en lo finito mismo yace lo infinito, es decir, se efectúa la interpenetración. Este es un recordatorio al pasar que sería lamentable pasar por alto.

El objeto fractal posee una dimensión que es un número que no tiene por qué ser entero. Mandelbrot recupera en este momento el rol privilegiado y olvidado, por el furor formalizante existente, de la intuición, puesto que puede llegar a tratarse de una curva que pase por todos los puntos del plano (idea que absorbe íntegramente Deleuze). Así, intuitivamente, con una validez irrefutable, se establece una pasarela de la línea al plano. De ese modo ocurren dos cosas relevantes, la primera es importada (Mandelbrot lo reconoce explícitamente) del libro de Jean Perrin y está referida al grafismo.

Se trata de un dibujo convencional, un trazado, que es sólo una sustitución seriada, continua, regular, lisa, mientras que lo sustituido es irregular, poroso, fragmentario, lacunar. Así se sustituye lo infinito por lo finito, lo continuo por lo discontinuo, lo azaroso por lo regular, lo contingente por la ley, lo plegado por lo liso y la inquietud de lo real por la apatía formalizante. Cuando lo real queda tapado, reemplazado, ya no tiene una longitud interminable —esto viene a cuento del ejemplo siguiente— sino acabada y finita.

El siguiente ítem toca al desarrollo de la pregunta que da nombre al capítulo segundo de su libro, *¿Cuanto mide la costa de Bretaña?* Las distintas formas o procedimientos de medir arrojarían el mismo y sorprendente resultado. A medida que se traza el mapa de la costa su escala se torna más precisa y la ilusión de finitud va desapareciendo, porque en el progresivo acercamiento a la orilla (cualquier orilla de cualquier mar u océano) de la costa su longitud crece, mientras creemos lo contrario, sin tener ningún límite.[73] Por su parte el decrecimien-

---

[73]En términos de Mandelbrot: «Ya debe de haber quedado claro que cuando se hace que n sea cada vez menor, todas las longitudes aproximadas, aumentan. Siguen aumentando incluso cuando n es del orden del metro, sin significado geo-

to de la manera de medir es, también, ilimitado. Y esta *desmesura* es revelada por el propio método de medir.

Así, el mundo ante nuestro singular azoramiento sobrepasa sus limitaciones, las finiquita, porque concretamente, bajo y al costado de nuestros pies, se vuelve infinito, lacunario, fracturado, irregular, como la caótica geometría de la naturaleza (Perrin) que la geometría euclidiana mostró, alucinando, que sus enunciados representaban el orden perfecto y la regularidad de sus formas.

Esa «caótica» geometrización fue acompañada por el cálculo diferencial desde el campo matemático. Una especie de productiva complicidad para que la naturaleza renunciara a su más íntima naturalidad.

En ella, para ir concluyendo con la somera e insuficiente semblanza del pensador polaco y sus fractales, la continuidad y la discontinuidad no se excluyen, sino son copertenecientes y el infinito es inmanente al proceso, reiniciado constantemente, de constitución del mundo.

Todavía existen algunas considerables ventajas que nos brinda la teoría de los fractales.

En principio, un campo disciplinario riguroso se abre hacia distintas propuestas y desafíos que se plantean desde otras latitudes. Y lo hace produ-

---

gráfico alguno».

ciendo cambios significativos en esos dominios casi siempre blindados. Después sus zonas de operación juegan, por las elecciones manifiestas[74] de la propia disciplina y sus transformaciones.[75]

Por otra parte ofrece un minucioso esclarecimiento de las estructuras de los objetos que manejamos habitualmente, cosa que no había sucedido hasta la *irrupción* fractal, sea «la distribución de los errores en ciertas líneas telefónicas» o «la articulación de moléculas orgánicas en los jabones». En unas y otras el exponente de semejanza que rige la articulación es, para nuestro referente, una *dimensión fractal* que no totaliza nada, sino pone en evidencia la irregularidad, turbulencia y movimientos caóticos sobre los que se asientan nuestros sueños de regularidad y legalidad.

---

[74]Mandelbrot las lanza claramente: «La geometría fractal se caracteriza por dos elecciones: la elección de problemas en el seno del caos de la naturaleza,... y la elección de herramientas en el seno de las matemáticas...». Se trata de encontrar «herramientas» en sus elaboraciones y no de captar su «poesía pura», como era la costumbre.

[75]La geometría fractal se modifica y aparta de sí misma, «..., para escalas sumamente pequeñas, el concepto de costa ya no pertenece a la geografía. Hablando estrictamente, el detalle de la interfase entre el agua, el aire y la piedra pertenece a la física molecular...». De este modo surge la variación del punto de vista y el respeto y cautela por el asumido, pues ambos son válidos en la dirección de lo que buscan explicitar.

El «vagabundeo» que propicia la fractalidad autoriza, de manera indudable, la licencia para moverse satisfactoriamente por los parajes de distintos saberes.

Vimos que la articulación de moléculas (ej. de los jabones) posibilita detectar la fractalización en el de la física molecular. O el artículo sobre *El síndrome de la variación infinita y sus relaciones con la discontinuidad de los precios*, internarse con toda solvencia en el terreno de la economía.

Pero, finalmente, esa especie de llamado a la errancia que impulsa la aplicación y la inventividad fractal van ligadas a una recomendable precaución. Dejemos la palabra a Mandelbrot, «...la aplicación de lo infinitesimal a lo infinito no ha de provocar ningún temor si se hace con prudencia». El viaje *entre* lo finito y lo infinito, lo discreto y lo continuo, parece sugerir que no es recomendable para atolondrados.

Finalmente, desembocando

Quizá, en el fondo, lo que podría caracterizar a un proceso de pensamiento sería ubicar y formular los problemas, sus matices y las orientaciones de sus preguntas más que afanarse para encontrar soluciones y respuestas fallecidas en una corta duración. Pero, también, debería hundir las certidumbres y confusiones que suele regalarse a sí mismo.

Si interrogamos a cualquier paseante ocasional sobre qué idea tiene acerca de lo que es continuo, seguramente dirá «lo que no tiene ninguna interrupción», «recorrer un camino sin detenerse» y frases similares.

La figura implícita es la línea recta, los trayectos rectilíneos y, porqué no, la rectitud moral, la que da continuidad a una vida decente. Ninguna inclinación o desviación altera la rectitud de los pasos que la guían. Pero no sólo esto le ocurre a un ciudadano común. Así piensa, por ejemplo, Descartes y un gran número de autores pertenecientes a distintas orientaciones.

Es una forma común de pensar donde lo que se impone es la inmediatez de una imagen simple, en la cual se confunde una distinción que atañe a lo real entre diversas partes con la separabilidad existente entre ellas. Si se considera un fluido absoluto este carece de cohesión, aunque no hay separación entre sus partes, asunto que sólo toca a una materia considerada de manera abstracta y pasiva. En la otra punta de este pensamiento se encuentra Leibniz, referencia obligada que mencionaré después de manera sucinta.

Retomando la observación anterior se puede inferir que la concepción atomista que postula la dureza total de lo «sin división» (átomo) y la que sostiene Descartes y otros sobre la fluidez absoluta caen bajo el mismo des-acierto.

Es el que sigue, los *mínimos separables* son concebidos como cuerpos finitos o como lo plantea la geometría analítica cartesiana, una recursión al infinito bajo una línea de puntos. La famosa línea en que Descartes situaba los puntos estaba ligada a las dos cuestiones básicas que planteaba su ecuación analítica.

Para sintetizar: la unidad de la materia tenía como su elemento mínimo el punto, al que le cabía una precisa localización en el plano que lleva su nombre. Ese «mínimo» será refutado por otra idea de *continuidad* basada en un aserto cuya *curvatura* marca la trayectoria que va de la realidad al alma, sin suponer ningún punto como parte, ya que él sólo es la extremidad de una línea y no forma «parte» de materia o espíritu alguno. Su lugar será ocupado por un habitante qué gozará de mayor plenitud.

Hay una línea de pensamiento que no se alinea con ninguna otra, por eso no participa de ningún *alineamiento*. Se desliza —afirmando que lo liso es una construcción— por sus propios laberintos. Sus partes y fragmentos resisten a cualquier disociación, a ser consideradas como puntos aislados unos de otros, aunque estén en el mismo conjunto, como ocurre con las semillas de cebada o los granos de arroz dentro de un frasco. Al volcarlos es evidente la desconexión entre ellos.

A esta posición corresponde la singularidad de una concepción diferenciada del continuo que llamaré el *pensamiento como continuidad plegada*. Se trate de objetos regulares o irregulares, del cuerpo o el alma, siempre estará presente el pliegue que constituye la unidad de la materia, nunca el punto (la semilla o el grano se consideran como tales), que no es *parte* de ninguna composición, incluida la musical, sino simplemente el final de un tendido lineal. Por eso la división, en esta orientación del continuo, rechaza cualquier consideración puntual a favor de un universo que es puro pliegue.[76]

---

[76] «Pliegues de los vientos, de las aguas, del fuego y de la tierra, y pliegues subterráneos de los filones en la mina», dice Deleuze confirmando que los encontramos en cualquier lado. La verificación actual de esos hallazgos los aportan las investigaciones en distintas áreas.

El conocido ejemplo de Leibniz sobre la hoja de papel o la túnica plegada —ilustración traída de la vestimenta donde el pliegue es eminente— muestra «que en ella puede haber una infinidad de pliegues, unos más pequeños que otros, sin que el cuerpo se disocie en puntos o mínimos».

En este rumbo hay una condición implícita; está vedado tomar las cosas por separado, ya que cada una «expresa el mundo entero», tal como lo hace la *mónada* (o singularidad pre-individual) leibniziana, siguiendo la denominación que usaban los neoplatónicos (p. ej. Proclo) para denotar un estado de lo Uno, en cuanto encierra una multiplicidad que lo impulsa de modo secuenciado, no homogéneo, puesto que su desarrollo es irreductible, singular.

Inmediatamente surgirá la tentación de rotular la idea de la *mónada* con el apelativo erróneo de individualismo extremo, siendo realmente lo opuesto, ya que, como apunta Deleuze, «cada mónada como unidad individual incluye toda la serie, expresa así el mundo entero, pero no lo expresa sin expresar[77] más claramente una pequeña región del mundo, un "departamento", un barrio de la ciudad, una secuencia finita». Por su parte el pensador alemán ya había condensado esta idea en una figura casi ho-

---

[77]Para captar el concepto de expresión que maneja Deleuze en *El pliegue* véase su excepcional estudio, *Spinoza y el problema de la expresión*.

logramática: en el pez de un lago están todos los peces.[78]

Entonces las mónadas *reflejan*[79] —dice Leibniz— el universo entero, lo efectúan desde una sola perspectiva que hace serie con los puntos de vista sobre el todo que poseen unas y otras. Sin embargo las perspectivas no son puntos de vista de múltiples yoes, sino que ellos adquieren sentido desde la serie de perspectivas que los generan.

En simultáneo su escritura *refleja*, desde un ángulo singular, la filosofía entera. El lenguaje y el mundo se pliegan infinitamente para Leibniz. Y todo ello acontece en una continuidad que acepta, como plegados, los complejos lacunarios, lo cavernoso, los huecos, etc., pero rechaza totalmente el *vacío*. A menos que el vacío sea considerado (es mi caso) como un cuerpo sutil en el propio plegado, y

---

[78]La marca de Leibniz, reconocida o no, está supuesta en el pensamiento contemporáneo, tanto en los que lo desarrollan específicamente, como en los que lo sostienen bajo una vecindad equivocada. Una consonancia limitada es, p. ej., el tercer principio del nuevo paradigma que propone E. Morin, *Introducción al pensamiento complejo* y *El método*, es el holográmático, que consiste en la presencia del todo en sus partes y viceversa. Aunque esta novedad Pascal la enunció, trescientos años antes, casi en los mismos términos.

[79]Recordar que para Canguilhem los reflejos, en ese período, poseían plasticidad y distensión y no suponían el espejo (ob. cit.).

no como falta, privación, no plenitud, etc., como se lo concibe habitualmente.

De este modo Leibniz se inscribe en la tradición, que requería como doxógrafo erudito, de las teorías sobre la continuidad entre los estratos materiales y anímicos.[80],[81]

Por otro lado la férrea articulación de sus *principios*, «de continuidad», «de plenitud», «de identidad de los indiscernibles», «de composibilidad», «de armonía», «de razón suficiente», etc., exige que no se los pueda tomar por separado, pues hundirían en bloque su concepción monadológica. Y, además, convertirían en imposible su gran sueño fincado en el «principio de armonía», es decir, en la conocida idea de *armonía preestablecida*, basada en la continuidad. Por eso el *cálculo infinitesimal*, su rigurosa invención, era la forma más acabada de plasmar y matematizar la continuidad de lo real y su devenir.

Una pausa. La célebre, malentendida e ironizada *armonía preestablecida*, que parecía un paraíso extraviado, un desvarío monadológico, es absolutamente ajena a una especie de mandato o aspiración

---

[80]La influencia estoica sobre Leibniz es manifiesta. El mundo como contínuo y que el cambio en una cosa afecta a todas las demás es el núcleo de la doctrina cosmológica de los Estoicos.

[81]Leibniz sostenía que el rigor conducía a la invención, justo contra la creencia de que lleva al *rigor mortis* y al estado de aburrimiento.

que deseara establecer de antemano el cielo en la tierra. Por el contrario es la figura de un trabajo perseverante acerca de un sistema (su filosofía conforma un sistema) flexible, indeterminado y de gran complejidad que eleva a su máxima potencia la traducción de unas tesis a otras armonizándolas en un lenguaje simbólico que posibilitaría a la mayoría usar los mismos símbolos con un significado compartido.

Esa era su ambición al formular la idea de una *característica universalis* (característica universal), una trama de correspondencias que aseguraran la *composibilidad universal* de la traducción[82] de un asunto a otro y viceversa. Por ejemplo, una tesis sobre una composición musical podría traducirse a un lenguaje matemático y una fórmula matemática a una escritura musical. O la teoría del punto de vista se puede traducir «al lenguaje geométrico y perspectivista de las secciones cónicas, traducción que permite llevar una tesis a la demostración que llamamos filosófica», como asegura M. Serres.

Bajo una lupa infinita (la inteligencia de Leibniz), símil que propongo, habría que ir traduciendo, gerundiando, su pensamiento, sin detenerlo por

---

[82]Ya resulta insoslayable la necesidad de la traducción —la cual reitero con insistencia y es una de las condiciones que señalo en la parte final de *Elogio del pensamiento*— para los procesos de pensamiento.

un momento en la estación del sentido común, la pseudo transparencia terminológica, o que los conceptos puedan ser captados en la rutina de los usos escolares.

Las *mónadas* no surgen de las ideas claras y distintas, sino que *germinan* a partir de un fondo oscuro (mejor dicho *unvorstellbar*, inconcebible, lejos de todo lo imaginable, pues en «lo oscuro» debe haber algún tipo de legalidad, alguna «razón», como señala Lebniz en los *Nuevos ensayos sobre el entendimiento humano*. De otra forma lo oscuro conduciría a ciertos modos de «pensamiento ciego», que pondría en jaque el principio mismo de «razón suficiente», una de las bases de su pensamiento sobre la continuidad. Pero dejemos aquí la dificultad que surge con el planteo deleuziano para otro lugar y momento) hacia el claroscuro que conserva la cifra de una traducción.[83] He ahí una dimensión a tomar en cuenta para tener una perspectiva más adecuada sobre la monadología.

La primera impresión, con la que solemos quedarnos, es que la *mónada* (alma, multiplicidad *una* como inflexión metafísica o uno envolvente del to-

---

[83]Para una captación del asunto ver cómo lo introduce Leibniz, con sus «pequeñas percepciones», en los *Nuevos ensayos* y en la *Monadología*. Por otra parte, es recomendable el tratamiento que hace de ellas Deleuze en el cap. 7 de *El pliegue*.

do) es un ser aislado, fuera de cualquier tipo de relación. Esta fue la aproximación de B.Russell a la obra de Leibniz en su *Exposición crítica de la filosofía de Leibniz*. Declaró, en más de una ocasión, que el drama de Leibniz era el de no poder pensar las relaciones. A veces la tragedia consiste en la proyección de un prejuicio compartido.

Cuestionemos, por un momento, esa certeza difundida como una verdad de hecho, es decir, la tocante a la característica universal, los principios, sus deslizamientos y tramados conjuntivos[84] y las bases constructivas de su sistema.

La primera esgrime una forma de simbolismo universal (donde, obviamente, está presente la local) en el cual las verdades de razón serían reductibles a un cálculo, en función de acabar con las disputas estériles que, según Leibniz, empantanaban los diferentes discursos que caracterizaban a las ciencias de la naturaleza (las llamadas «sociales» todavía no figuraban), la filosofía, la teología, la matemática, etc. Menos guerras y más pruebas razonables que, en su propuesta, eran equivalentes a «formales».

Los *caracteres* de esa ciencia universal eran arbitrarios, pero, al aplicarse y conectarse con «algo

---

[84]Véase a propósito el notable texto de Ortega y Gasset, *La idea de principio en Leibniz y la evolución de la teoría deductiva*.

que no es arbitrario, o sea, una *relación* que existe entre los caracteres y las cosas» (curs. mia), desaparecía la arbitrariedad y surgía lo que era permanente en ellos, «la *relación* que hay entre los caracteres y las cosas» (curs. mia). Entonces, es la «relación» la que dará consistencia a los conceptos empleados.

Pasemos a los principios, en especial a uno que transversaliza a todos los demás y ellos a él. Se trata del *principio de continuidad*, corazón de los principios si lo tuvieran. Por sus pliegues «todo el universo está *relacionado*» (curs. mia).

Terminando, ¿cuáles son las bases constructivas de su sistema? Podemos condensarlas en dos que no son sino una en su estricta vinculación: sustancias y relaciones.

Mónadas (que no tienen «ventanas», es decir, que no son extensas y divisibles a la manera de los átomos) y *relaciones* que dan «sustancia» a la serie de perspectivas que otorgan sentido a la de cada mónada. Sin las relaciones no serían tales ni el mundo entero las recogería para su armónica composibilidad.

Incluido en este final crítico, desdramatizando la situación, va el sinceramiento posterior de B. Russell, quien confiesa no haber captado que lo único pensado en profundidad por Leibniz «eran las relaciones».

Volvamos a un punto que deseo remarcar y que nos catapultaría hacia el cierre de este borrador tentativo, abierto por las voces de algunos protagonistas caracterizados por sus singulares abordajes de la problemática. Y tendrán que ser escuchados, no hay otra salida, en sus diversas músicas textuales. En ellos, más allá de áridas escalas, la música de la escritura, busca transformarse en una escritura musical, sin darse ni en una ni otra, sino *entre* ambas, *en* sus pliegues.

Líneas atrás consideré que las mónadas no tenían su origen en la claridad y distinción cartesianas, sino que *germinaban* a partir de un fondo oscuro (y los obstáculos que éste podría suponer) y en oposición a lo claro. Para el intento de abordaje que estoy proponiendo, lo atrayente sigue siendo la figura del *germen*.[85] Viene perfecta para comprender por qué el pensamiento es indiscernible de la realidad misma cuando se lo considera en la simultaneidad de sus pliegues, repliegues y despliegues. La simultaneidad de esos procesos, que no recurren a ninguna causa interna ni externa, constituye la

---

[85] Es la «semilla» estoica o las «homeomerías» —semillas de las cosas— que menciona Aristóteles cuando trata la doctrina de Anaxágoras. En otro texto —*Ensayo sobre el pensamiento sutil*— señalo la fascinación de este icono que apenas se ha desgastado en milenios.

variación de impulsos constantes que dan paso a un crecimiento sostenido de autoformación.

El pliegue, entonces, no sería otra cosa que el germen de una forma que se va determinando en su ínsito desarrollo (repliegue y despliegue) hasta ser algo específico o que se lo puede nombrar como tal. Pero, al unísono, el germen no es más que una conjunción de pliegues envueltos desenvolviéndose. Ningún interior o exterior, nada interno o externo. Su devenir continuo rompe con la tabicación de una espacialidad alucinada.

De este modo podría darse una respuesta —habría otras— a la preocupación central de Blanchot: ¿qué es una forma?, ya que toda la literatura es *forma*, extraña palabra que «lejos de aclarar, lleva consigo el todo de la interrogación». Una *forma* sería algo liso plegado, donde lo liso es sólo un punto de vista sobre la realidad, que es un plegado continuo.

Recurramos a la invención previa, la lupa infinita de Leibniz (su inteligencia creativa). Agreguémosle una nueva imagen: el ultra microscopio de Deleuze (el dédalo del pliegue). Ahora tomemos la superficie más lisa y pulida que podamos concebir o no tanto, sólo una lámina de acero, de aluminio o una madera pulida hasta el cansancio. Veámoslas con los instrumentos imaginados, ambos palpables e imperceptibles. Frente a ellos lo liso se disuelve e irrumpe una variedad infinita de pliegues, mostrando a lo liso como una construcción de nuestra mirada que no pertenece al orden de las cosas ni a las del alma.

La multiplicidad de los pliegues exige salir de la generalidad en que puede caer una formulación de ese tipo. Por eso es necesario especificar por donde pasa un pliegue en cada caso particular, sea el de una roca o el de un estado anímico. Y esta es una labor que exige discreción —la de un análisis discreto en continuidad— y la mesurada prudencia, para llevarla a cabo.

Por otro lado pliegue, repliegue y despliegue se hallan en el mismo plano de inmanencia (caso contrario habría que suponer fuerzas externas al devenir, confundiéndolo con la impulsión). El repliegue ya está en la vuelta del pliegue sobre sí mismo, es decir, siempre se trata de un pliegue sobre pliegue o *sobreplegado*.

El despliegue no se opone ni es la extensión —concebida a la cartesiana— del pliegue, sino la continuidad de un pliegue hasta otro pliegue que un «empeño contrario va modificando incesantemente», aclara Leibniz, cuando considera la composición de la materia como masas o yuxtaposiciones, no como partes separadas que se juntaron o fundieron.

El conjunto de lo que vine bosquejando velozmente es la creación y descubrimiento de la época
clásica (aprox. 540 a. C.) el barroco y el de Leibniz
con el cálculo infinitesimal y la monadología.

A partir de él se puede aseverar sin caer en una
exagerada hipérbole: todo es pliegue, repliegue y
despliegue. O sea, la realidad tomada en la plena
continuidad de sus diversificados e infinitos pliegues.

Creo que es el instante adecuado para dar paso a las voces que invoqué, de manera expresa o
alusiva, en distintas ocasiones. Comportan un número estimable, más no cuantificable. Aquí van sus
nombres, siguiendo una expresa voluntad de mez-
cla, algunos —sólo algunos— de ellos, donde queda
grabado el sonido de B. Spinoza, W. F. Hegel, K.
Marx, F. Nietzsche, S. Freud, M. Blanchot, M. Heidegger, G. Deleuze, B. Mandelbrot, G. Simondon,
B. Cache, J. Derrida, M. Foucault, L. Couturat, M.
Serres, etc. (incluidas las conjunciones y disensio-
nes *entre* y *con* ellos respecto a los problemas del
pensamiento), quienes se plegaron sin condiciones y
con un afecto no mensurable, desmedido, al intento
de transitar, de distintos modos y a su manera, el
«laberinto» (mejor dicho, los múltiples laberintos)
como lo había denominado Leibniz.

Ahora me repliego para que en el pliegue de esta misma palabra se desplieguen la riqueza de las

perspectivas que se abren hacia las *infinidades* de un *Aleph*. En sus plegados el número matemático inventado por Cantor traza su tectónica en la literatura de Borges, y de todos aquellos, donde un discontinuo pasaje específico deja la huella de una inespecífica continuidad.

ALGUNAS CONDICIONES BÁSICAS PARA INTERPELAR LA PROBLEMÁTICA DEL PENSAMIENTO
—CODA LUNGA—

En principio se trata de situar ciertas operaciones y elucidaciones de pensamiento. Situar aquí equivale a decidir, tomar una decisión respecto a sus cursos, por dónde derivaran. Esto pone en juego, enseguida, el asunto de la *crítica* y básicamente en un aspecto casi olvidado de ella. Se ha resaltado, a menudo, la idea de *krisis* —análisis segmentario, unitario, etc.— que yace en la crítica, pero se omite destacar la de *krinein* (decisión) que la acompaña. Y es la *decisión* como yo la llamaría de hacer que un pensamiento sea captado en una trama compleja y no en su *nido autoral* o en el texto literal de un *precursor*.

Es más, no se da la problemática de un autor determinado, sus referencias, referentes, afluencias, confluencias e influencias, sino es en el ámbito de la trama mencionada, donde el pensante queda liberado de la esclavitud de su «yo soy», «yo creo», «yo tengo la propiedad», etc. Y no por que esto no sea así, sino porque en el campo del pensamiento deja de ser de ese modo. Pensar[86] es des-pertenecerse,

---

[86]En esta larga conclusión (*Coda lunga*), importada del área musical, que considera y se apoya en todo lo tratado anteriormente, ya uso como si fueran equivalentes *pensar* y *pensamiento*. En realidad los trato en un régimen legítimo de sustituciones, no como *iguales* sin más. Por eso las distinciones que fui resaltando siguen operando como suposiciones complejas.

volver impensable e imposible al «yo tengo», al «es mío».

Por otro lado esto funciona así tanto en el campo de las producciones científicas como en el de las producciones historiales. Si viéramos algunos períodos, ellos serían la prueba inequívoca de esa urdimbre sin propiedad ostensible. Recién con el *derecho de autor*, alrededor del siglo XV comienza a legitimarse una propiedad sustantiva, ligada a un nombre específico, a una unidad determinada, a una identidad definida que se especifica como *autor* e inmediatamente *autor-idad* intelectual.

I

Por ese rumbo se instalan otras cuestiones que serán recurrentes, donde semblantea toda una dimensión de la formación y la distribución comunicativa.

La vieja versión platónica de las *fuentes* o neoplatónica de la *emanación* reaparece ahora con toda su fuerza y esplendor ligadas al problema de la *identidad*,[87] sea de un autor (identidad de origen

---

[87]La noción de *identidad* que manejo ahora es ajena al concepto de *identidad* como «lo Mismo» (*tó àutó*) que desarrollé en otra parte. En ella se estaba pensando la idea de pliegue. La identidad a que me refiero aquí es simplemente la usada en el documento de identidad, la yoica, lógica o estilística, es decir, la identidad compacta opuesta letra

y sentido), de un estilo (identidad de forma y *manière*) o de un discurso que se considera cerrado y compuesto por sus reglas de formación estrictas, es decir, por una cierta identidad lógica. Obviamente esto tiene algunas consecuencias que no nos apresuraremos a considerar favorables o desfavorables. En todo caso diremos que son *consecuentes* con los principios de tal posición.

En primer lugar la *esencialidad* («Lacan es hegeliano» o «Freud es leboniano en tal o cual punto»). Después el reinado de la *deuda mercantil* («este concepto o instrumento se lo debe a...»). En tercer lugar un *régimen de captura* («esto es de, aquello pertenece a, lo de más allá está tomado de, etc.»). Como es notorio está presente siempre la remisión a una sustancia ya realizada en algún lado, en tanto *Precursor* (donde las cosas deben tomar un precurso, un curso previamente diseñado e inevitable) y no como un *Predecesor* que no autoriza ni desautoriza, sino que genera sólo un régimen abierto de afecciones.

De este modo la «*quest*» (misión) de la cuestión (*ques-tion*) será *problemática* orientada por la inagotabilidad de la pregunta; y no sólo *teoremática*

---

a letra a la modulada por el pliegue. A menudo se usa el mismo término para alejarse tanto de su *uso* como de su *mención*, es decir, para perderlo definitivamente de vista.

resuelta por un conjunto de soluciones, su coherencia y sus reglas de construcción.

II

La pertenencia a un campo de pensamiento no
es arbitraria. No se pertenece a cualquier cosa ni
de cualquier manera. Tanto las cosas como las maneras van siendo esas y no otras, por lo menos, no
caprichosamente otras. Dicho de distinta forma: no
se está incluido en un pensamiento a voluntad, es
más, a menudo se lo hace contra la voluntad, cuando ésta ha comenzado a evaporarse y la conciencia
da paso a sus fallos y grietas, es decir, a las verdades
que la van determinando a través de un complejo
proceso.

Procesar es captar que la voluntad y la conciencia son tales cuando rehuyen su inmediatez hacia
la red de sus constituyentes, cuando dejan de tomarse como «facultades» o «meras fuerzas de imposición».

Así fueron consideradas una y otra, tanto en la
«*psicología de las facultades*» (que facultaba para
dar luminosidad a todo), como en la «*psicología de
la voluntad*» (que llegó a situarla en la naturaleza
misma de las cosas). De ahí que una pertenencia
no pueda ser satisfactoriamente puesta de relieve
por una «teoría de la luz» —*focal* en el caso de
la conciencia—, ni por una «teoría dinámica» —de

la voluntad; más tarde, históricamente, centrada
en la noción de motor y motor a explosión—. La
pertenencia requiere, por el contrario, el fino hilo
de la tradición y su entramado. Que la tradición se
teja, que sea un tejido de tiempo, no es sólo una
feliz metáfora. Ya retomaré esa dimensión lanzada,
desde un futuro imperfecto —que estamos siendo—
hacia nosotros.

III

En la lógica temprana y en las lógicas más tar-
días, casi todas ellas de carácter matemático o ma-
tematizable, el *concepto* —y más vastamente el pensamiento, sus componentes— ha sido confundido
con la *proposición*, y básicamente con la proposición lógico-gramatical, cuya estructura se redujo
(aunque luego tal reducción sea objetada en el mismo ámbito de la lógica formal) a sujeto y predicado.
De ahí que la gramática oracional fuera tomada como la operación racional por excelencia, y que en
ella se confundiera lo racional con el pensamiento mismo; por eso la gramática de Port Royal se
denominó «Art de penser». Así, poco a poco, fue
reinando en el corazón del concepto la cortesanía de
la proposición, hasta declarar los propios cortesa-
nos que los conceptos son «proposiciones carentes
de sentido».

En adelante me referiré básicamente al grueso del empirismo lógico y, en absoluto, a las diversas lógicas formales, cuyas contribuciones son relevantes para el desarrollo operativo del conocimiento en general. Por otro lado aludo, también, al furor formalizante (no a los modos de formalización que son algo muy diferente en manos idóneas) que intentó dominar —1940, 1960, son algunos datos indicativos— ciertas disciplinas y regir el disciplinamiento del pensamiento mismo; voces de mando que se actualizan, irónicamente, en la médula de una práctica que se creía emancipadora.

Existe un famoso (célebre por lo celebrado, no por sus cualidades) opúsculo de R. Carnap llamado *La superación de la metafísica mediante el análisis lógico del lenguaje*, donde se pretende dar cuenta del *sinsentido* de los conceptos, denominados con cierto uso y abuso, «metafísicos». El libelo hizo época, sobre todo por lo que intentaba des-hacer.

Estos embates reaparecen periódicamente.

Cuando Carnap analiza —según él— *proposiciones* como «la nada nadea», «el verde verdea» o «el mundo mundea», que transitan desde los estoicos a Heidegger, retacea sus propias estrategias que consisten en negar el proceso de constitución de las mismas ciencias, es decir, re-negar de la *importación*, la *traducción* y la *suposición*. Toda ciencia maneja estos *plegamientos*. Ni la lógica, en algunas de sus ramas, ni las matemáticas van totalmente a la zaga, sea en las matemáticas puras o en las aplicadas.

Se importa quiere decir que eso que es traído al campo específico *importa*, es importante para él. No se importa cualquier cosa, sino aquello que pone en juego una función (por ejemplo la transmisión, un modo de intervención, etc.), y las transformaciones que se dan en el campo específico.

Hay traducción quiere decir, en primer término, *imposibilidad, descreencia*. Que traducir sea «imposible» indica, ante todo, que hay un proceso inconsciente, y que éste, como el asunto de la traducción, no puede colmarse, agotarse en ningún lado, ni en ningún régimen establecido. Y, también, en la traducción se *descree* que al pasar de un plano a otro de una lengua a otra, de una variedad a otra, que exista una *analogía* o una *semejanza* ciegas. Si se diera alguna creencia sería —y en el campo del pensamiento es así— que al *traducir* se amplían las diferencias, pero se consolida el intercambio y los interlocutores no previstos, lo cual no es poco, a pesar de ser insuficiente. Además hay una serie de aspectos que juegan en la traducción (p.ej. la memoria, la deuda entre el original y la traducción, el contrato, el testimonio, etc.) que sólo quedaran en reserva para otra ocasión.

Implica constante *suposición*[88] quiere decir que el punto de partida es siempre, y por lo menos, dos, *entre* dos, que no hay discurso único, unificado, sino en devenir, diseminado.

Ahora bien, retomando a medias, esas críticas ignoran sus mismos procedimientos, o sea: la tensión que las modula, pues «lo que puedo decir no lo puedo mostrar, y lo que puedo mostrar no lo puedo decir», como señalaba Wittgenstein. Es decir, igno-

---

[88]Debo extenderme un poco sobre el particular, ya que el término se reiterará en el escrito. La idea de *suposición*, aquí, es tomada difiriendo de la clásica separación entre *presupuestos objetivos*, o conceptos supuestos por un determinado concepto, y *presupuestos subjetivos* o anclados en sentimientos en lugar de hacerlo en conceptos. Por el contrario la suposición no juega en ninguno de los dos polos, sino *entre* ambos; *entre* imprescindible para evitar toda polarización. No se trata de ningún juego preposicional. Ello apunta a una distinción que estimo básica y desaparece en casi todos los escritos. Cuando digo: «Cortázar escribió...» estoy nombrando (suposición *formal*) la entidad de nombre Cortázar. En cambio cuando digo que Cortázar tiene tres sílabas (suposición *material*) sólo me refiero al nombre «Cortázar». Esto permite despejar equívocos y agregar una distinción importante. El equivoco: el *entre* despeja la cuestión bizantina de si el pensamiento tuvo un principio o comienza en tal o cual etapa y asuntos similares. La distinción a tener en cuenta: en el primer ejemplo el patronímico se *usa* (en esto ancla el sentido común) y en el segundo se *menciona*, fuera del campo que parece «lo mejor repartido». El *entre* opera en una dimensión que promueve e ignora a la vez a ambos, modificando y alterando la división de territorios.

ran que lo cierto de sus certezas es lo que está en
cuestión y no el ajuste de cuentas que cree ejercer
con destreza, aunque esta no les falte, es más, hay
un exceso de habilidades sin pensamiento efectivo.
Una serie de procedimientos reglados, un conjunto
de recursos técnicos, cuya finalidad inconsciente es
resistir todo lo posible a un acceso, a las verdade-
ras sendas, que un camino de pensamiento requiere
para circular por él.

IV

Enseguida lo constataré. Antes una acotación.
Obviamente, y por lo que fui señalando más arriba,
esta exposición no puede escapar a su propio modo
de *exponerse* y al juego de sus *suposiciones*. Quizás, quepa recordar que las *exposiciones* eran un
instrumento de salida (ex) de uno mismo (poner-
se como unificado), un arte del arrojo, una valentía
nada desdeñable que acuciaba a un pensamiento en
su rumbo hacia la verdad.

Hegel, Freud y más tarde Heidegger, subraya-
ban un matiz: la derivación de formas que atrave-
saban a sus exposiciones. En la «*Introducción a la
Historia de la Filosofía*» Hegel le otorga la misión
y la tarea de marchar por «la necesidad pensada y
conocida de las determinaciones». Sólo así se puede
desembocar en el ámbito de un pensar radicalmente

nuevo bajo un antiguo nombre. Aclara, «la exposición a que nos referimos incumbe, preferentemente a la lógica». Por eso, también, en otra parte destaqué el lugar privilegiado que tiene *La ciencia de la lógica* en su obra. Pero en este escrito no se trata de dicha lógica ni de su problemática, sino de una lógica que toca el sentido de lo real y lo acoge de otra manera.

De ella hablaré rápidamente y de las lecturas que dispara hacia nosotros. *Exponerse*, entonces, es inevitable cuando se apuesta a un pensamiento sutil-realizativo; es el *acto* por el cual lo escuchamos en su insistencia, en una insaciable repetición que lo hace diferente para cada lectura o forma de acercamiento. Aún una comprensión limitada, una «lectura de época», jamás puede aspirar a una explicación satisfactoria, pues apenas constituye una *época* de ese tipo de lectura.

Es innegable que la estrategia discursiva de la justificación por las «condiciones históricas» destila algo de mezquindad ante las creaciones perdurables. De modo que la *ex-posición* de un pensamiento no puede evitar ir más allá, desbordar las «circunstancias epocales», los «períodos definidos», las «cronologías estrictas», los «avatares confesionales» (salvo cuando un género —por ejemplo en Rousseau— se rebasa a sí mismo) o los «esclarecimientos biográficos». En realidad pivotea en esas

casi-causas, pero no las reconoce como constitutivas, sino como pasos, pasajes y pasadizos que nos
siguen conduciendo fuera de ellos.

Un pensamiento es tal porque siempre está en
otra parte, desencontrado consigo mismo. Rehúye
las adecuaciones señaladas antes. Y cuando encaja
con alguna de ellas, y se intenta resolver en su género próximo y su distinción específica —sean los de
una «biografía» o los de un «hecho histórico»— ya
no circulamos por los senderos de un pensamiento,
sino por ciertas formas de su institucionalización.

Al *ex-ponernos* intentaremos discriminar este
equívoco para no captar globalmente a uno por
otras, aunque unas sean gracias al otro, y si el gato
no es sin la liebre en el mundo animal, ahí se sabe
exactamente cuándo se caza a uno o a otra.

De las *suposiciones* por otro lado no podemos
escapar. Son las carceleras del lenguaje, de las in-
tuiciones, de los conceptos o de lo que se quiera
poner entre rejas.

V

Ya señaladas las nociones que omiten las estrategias discursivas de algunos autores de referencia
y bajo cierta moda (R. Carnap, M. Onfray, C. Me-
yer y legión), es preciso hacer un giro —por otro
lado exigencia metódica— de lo que en cierta mesa

del saber está en juego. Como no tememos la *repetición* —siempre alejada de la *réplica*— porque en ella nos constituimos, detengámonos nuevamente en los tres hitos mencionados.

Estimo que es una idea no sólo compartida, sino comprobada, que los distintos saberes, los universos científicos, sus lógicas de investigación y aplicación, las diversas orientaciones epistemológicas, las dilatadas planicies del pensamiento, y múltiples quehaceres, funcionan mediante complicados mecanismos de *importación*.

Trataré de ir avanzando, lo cual no evita el necesario paso atrás para tomar impulso, mediante algunos ejemplos; no sólo porque ellos sean «ejemplares», también de alguna colección, sino porque un ejemplo se forma a través de una compleja trama de casos y en la urdimbre de una larga temporalidad histórica. Esto es lo que distingue a un *ejemplo* de una *anécdota*, colgada de la baba de un instante fugaz.

Todavía cabe un leve desplazamiento, para facilitar el asunto, al alemán. Es fascinante como el término alemán ejemplo (*Beispiel*) ha importado y sometido a su propia composición interna la evocación de otro en su juego (*Spiel*). Aquí notamos que la *importación* no es un simple pasatiempo del cual a veces se revelan las «fuentes» (otro término importado de las «fuentes de agua» populares al discurso de la «emanación», v. gr. Plotino) y en otra se las deja innombradas.

La *importación* —también de mercancías— hace al juego del lenguaje, el concepto y las formulaciones científicas mismas. La omisión de *nuestros autores* (conjunto abierto que en adelante llamaré así) aparece, entonces, como no banal, consistente con lo que en principio buscan eludir, la autorreferencia a una lógica «diurna», representativa, formalmente simbolizable, identitaria, etc., que, en los connubios de las academias y los poderes, logró impostarse y cobijarse bajo el «silogismo correcto», vía seguida en el «arte de pensar» y en el metadiscurso de la «lógica matemática».

Así la lógica de un modo discursivo se entroniza como la lógica que debe regir a los enunciados lingüísticos y su cientificidad. Claro, después, después de un después remoto y futuro, todo se vuelve *lógico*. «Es lógico», por ejemplo, responde a esas lógicas que naturalizan, para la cultura, los mecanismos que ha impuesto como tales.

Pero no deslicemos detrás de ese expansionismo preconsciente una intención ideológica, aunque ella sea ideológica por naturaleza, una vocación imperial, una obstinación racionalista o una ignorancia sostenida acerca de la existencia de otras lógicas. Los estoicos, epicúreos, Desargues, Galois, Marx, Freud, Heidegger, Godel, Derrida, Déleuze,

etc., son marcas indelebles de su vigencia. Indeleble
es aquella marca que talla con más fuerza cuando
se la cree borrada... del mapa. Ahí están, para testi-
moniarlo, los *mapas* que Freud aconsejaba hacer en
el caso del «pequeño Hans», o los que recomendaba
Marx para reconocer los «territorios de la miseria»
en su infinitud «sintomática». Se trata de otros decursos y recursos lógicos.

Decíamos que no se importa cualquier elemento, sino aquél que modela una *función*; función que
es una exigencia de «funcionar» y no una manera de
estar ocupando una silla, un lugar en el organigra-
ma o una variable vacía, es decir, *invariable*. Además hace carne con un modo de «funcionamiento»,
solicitado por el ámbito donde una tarea se lleva a
cabo.

Qué estoy diciendo ahora, lo siguiente: la *importación*, como impronta del pensamiento científico,
es lo que desde éste no alcanza a ser pensado, sino
a medias. Ella sigue la lógica, que apenas esbozaré
en estas notas, de un proceso de pensamiento propicio *para* la psicología, el psicoanálisis, las ciencias
sociales, las formaciones humanísticas (atacadas o
defendidas con el mismo fervor por los gozadores
del poder de turno),[89] etcétera. Se trata de un *en-*

---

[89]Considero que sería muy productivo al respecto un diálogo controversial serio, es decir sin el descrédito como punto de partida, por una parte con la «homeotecnología» que

tre, de una lógica *sui generis*, de otra puesta en marcha del vapuleado *logos* que reside en la misma palabra —*lógica*— que lo envuelve.

Lo importado, entonces, atraviesa lenta y velozmente, obvia y silenciosamente, tiempos y latitudes, fronteras y umbrales, soportando guardias de aduanas e impuestos disciplinarios, trastocando cabezas e intolerancias (Savonarola, Spinoza, Harvey), hasta que, en un final sin término, se convierte en materia prima, se instala, al modo de un fetiche, ya que parece haber estado ahí desde siempre, capturando la atención y los desvelos de la búsqueda científica.

Se desliza en la sombra, por ejemplo, de las infinitudes de la sustancia en Spinoza, de los infinitos abiertos en el movimiento del «espíritu» por Hegel, del inconsciente *freudiano*, o bajo otro aspecto en la lógica *sin* propiedades ni representación plena que divulgó Sexto Empírico en su *Adversus Mathema-*

---

sostiene P. Sloterdijk en su conferencia *El hombre operable. Notas sobre el estado de la tecnología génica* (CES, Harvard, mayo de 2002). Y por otra con la «antropotécnica» como la plasma en su libro *Has de cambiar tu vida*. Cierto que este no es el lugar apropiado para hacerlo, pero si para anotar que es indispensable una sana (es decir, sin espantos histéricos ni aburridas, por lo esperables, acusaciones) controversia sobre asuntos complicados y resistentes a ser atrapados en una calificación devocional o de «hombre basto», como puntualiza Sloterdijk.

ticus (que, en realidad, era *Contra los profesores*,
gramáticos, astrólogos, aritméticos, músicos, etc.).
Son esas sombras las que caen sobre la «multiplicidad» —salida de lo múltiple— en la geometría de
Riemann o sobre la teoría de los números «transfi-
nitos» en Cantor.

La *importación*, en una ciencia o saber dispar,
actúa siempre a la manera de una sombra instalada
en el centro luminoso de la enunciación, concepto
o estipulación gnoseológica. Y ello funciona de modo directo o mediato, sea la teoría de la luz para
el «cogito» cartesiano, la óptica y el motor para la
«perspectiva» y la «fuerza» nietzcheanas, o el pensamiento circular para la comprensión de los astros
y la invención de la rueda, gracias a la cuál podemos hacer rodar el pensamiento.

Llegados a que sin *importación*, nada importa
ni se com-porta, ni se con-forma en un campo determinado —científico o no—, vemos que eludirla
deja tuerta la exposición que se cree rigurosa. Más
aún, invalida cualquier pretensión tribunalicia que
pudiera arrogarse. Si las *sentencias* (proposiciones)
sobre el sin-sentido o «*melangée*» de otras frases
o enunciados (acontecimientos) son tales, es porque, ante todo, dictan una *sentencia* acerca de lo
que vienen esquivando, el carácter esencial de la
importación y los otros partenaires: la *traducción*
y la *suposición*. Cuando abramos rápida y breve-

mente sus nódulos surgirá inequívoca la decisión (*krinein*) crítica y sonarán algunas voces de otras lógicas, quizás lejanas, de tanto alejarlas.

VI

«Dime qué opinas de la traducción y te diré quién eres», enfatizaba Heidegger. La traducción es un delicado asunto de la apropiación conceptual. No podemos evitar su necesidad para la ciencia, la literatura, la filosofía, el psicoanálisis, etc., aunque resulte imposible «otorgarle la transparencia que ella desearía», subrayaba Marx objetando la senda hegeliana del diálogo irresuelto entre las dos «únicas» filosofías: la griega y la alemana.

Central para las formulaciones científicas y los procesos de pensamiento, el problema de la traducción ya nos revela dos rasgos iniciales que *rasgan* el afán de completud, la idea de un pasaje término a término o la imposibilidad de recurrir un significado con otro y la pretendida claridad de tal operación. Ante todo una traducción verdadera se aparta de cualquier modo de «objetividad», no en el sentido de replegarse en una subjetividad, sino de que siempre implica al intérprete, lo supone.

Pensar es hacerlo en un determinado ámbito de traducción, donde los lapsus, fallidos, olvidos, son sus materiales más habituales. La misma práctica

analítica verifica palmo a palmo esas constelacio-
nes. No es otro el procedimiento que lleva a Marx a
detectar el «lapsus» de la Economía Política cuando confunde o co-funde la «fuerza de trabajo» (ésta
en su relieve de mercancía con un precio regido por
la oferta y la demanda) y «el trabajo» productor
de valor que se realiza por el lado del a-precio.

¿Qué estoy resaltando en este punto? Que la
traducción es indelegable tanto en las áreas de pensamiento, como en las científicas, donde la ejecu-
ción y manipulación de realidades no dejan pensar
los supuestos puestos en marcha en cada objeción o
destello de réplica, como la de «nuestros autores»
que todavía no piensan —sino lanzan *consignas*—
en el mismo horizonte de lo criticado.

¿Qué nos resta por el momento? Dos indicios:
toda traducción pone en juego un régimen de apropiación y una ilusión de transparencia. Si de «apropiación» se trata habrá que poner de manifiesto,
entonces, las estrategias discursivas que se utilizan
para destacar la lógica científica de un pensamiento
en función del demérito de otras y sus plurales desarrollos. Si de alucinar «transparencias» se tratara
habrá que preguntarse con qué ideas de concepto,
definición, luminosidad-oscuridad, representación,
verdad, enunciado, coherencia, etc., estamos dando
cuenta cuando apelamos a lo científico o al pensamiento para validar su existencia.

Por ejemplo, yendo hacia lo que va importando aquí, no puedo sin una verdadera tarea *inter-
pretativa* (ahora introduzco un término de interés:
interpretación) volcar el *sinthome* lacaniano en el
vocablo síntoma, pues en él se condensa primaria-
mente tanto *syntôme* como *symbolique*, donde el
¡goza! (*Jouis*) resuena en el ¡oigo¡ (*J´ouis*). Además el *sinthome* sería imposible en el animal, ya
que en él se escucha finalmente la dicción específica del hombre [*hom(m)e*].

Otro tanto ocurre con *lalangue* que no es *lan-
gue*, de la que señala Lacan «yo escribo en una sola
palabra para determinar su objeto». Este «objeto»
no puede ser el de la epistemología, enfrentado a un
sujeto que lo constituye, sino el «pequeño *a*», des-
prendido del otro, el del casillero vacío ($-\varphi$) que
alimenta el deseo y el errante trastabillar del fantasma.[90]

Estos ejemplos tomados de Lacan apuntan a la
tarea de la traducción, más allá de que podamos es-
timar algunos de sus neologismos como ingeniosos
calambures.

En una palabra y para decirlo a medias: la interpretación es el trabajo incesante que subtiende,
que tensa de manera irresuelta, que somete lo deci-

---

[90]Si se quiere asistir a una explanación de esos términos,
el texto de J. A. Miller, *Extimidad*, la ofrece de manera
apropiada.

dible a prueba. Más aún, que deshace a ésta como simple prueba definitiva, ya que su función es abrir y no sólo constatar un hecho teórico, empírico, lexical, proposicional o una frase en la que emerge un pensamiento.

De ahí la dificultad previa al abordaje de los pensadores que en general, nos puedan interesar. El vocablo «traducción» reúne, para mí, a distintos tipos y campos de conocimientos aparentemente ajenos entre sí. Por eso la verdad que los acerca, sin fusionarlos, es, en uno de sus aspectos, la verdad cesurada e imposible de la traducción, sabiendo como dice Heidegger que «toda traducción es ya una interpretación (agreguemos: entre lenguas, intralengua, entre diferentes regiones del saber, etc.). Toda interpretación debe penetrar previamente en lo dicho y el estado de cosas allí expresado (reservo esta frase para después). Esta penetración, según es de creer, no será tan fácil en nuestro caso como penetrar en un jardín para hablar de un árbol».

Así, la traducción —supuesta la interpretación hacia la que tiende— hace confluir lo ajeno y lo propio en un tercero que no es ni lo uno ni lo otro. Un tercero que no cierra en triángulo, por el contrario tensa los lados en una labor constante; labor en fases, des-fasada, de doble faz, de ida y vuelta que Freud destaca con precisión en un texto de 1923 (*Señalamientos sobre la teoría y la práctica de la interpretación de los sueños.* Ahí dice, «La interpretación de un sueño se distingue en dos fases, su traducción y su ponderación o utilización»).

Por otro lado la traducción es un empeño que nos hace familiar lo extranjero, que nos alimenta sin saberlo, pues debido a ella incorporamos a nuestra lengua términos extraños u otros literalmente ajenos (light, gaffe, stand, graffiti, gurú, kermesse, stress, etc.).

VII

Con estos llamados de atención creo que resulta clara la copertenencia de los movimientos de la traducción y su carácter interno a la trama del saber: saber que no puede reducirse a sí mismo, aunque se lo rotule como «no sabido».

Está ligado al des-ser que lo funda en la plena diferencia consigo mismo. Me hago cargo de la insistencia, pero esto lo ha formulado Hegel a su manera en *La Ciencia de la Lógica* cuando está persuadido de que se adquiere una gran perspectiva cuando se sabe que el «ser es puro ser» y la «nada, pura nada» (no el ser *para...* o la nada *de algo* que hacen a un enfoque existencial, p. ej., como el de Sartre y el del existencialismo en general) son abstracciones vacías, pues la verdad de ambos estriba en el movimiento del inmediato desaparecer de uno en otro: el devenir.

El devenir, traducido ahora en toda su complejidad, hace del ser una desrealización, o, mejor dicho, produce un vaciamiento como principio de cualquier relación o presencia en las que después sea pensado. Otro dardo, razonable, que Hegel le arroja, por encima de la historia, a Heidegger. Y la flecha, impulsada por un inexistente viento cronológico llamado «joven Marx», da en el blanco, ese color de la ciencia etimológica, donde aquél hizo múltiples incursiones. A propósito de esto sobre el final haré un señalamiento puntual.

Nos queda el último mojón de estas derivaciones, la *suposición*.

Decíamos que la suposición, lo supuesto de un pensamiento, es por lo menos dos, un *entre*. Tal lógica no apunta a las unidades que pueden situarse «entre» Barcelona y Buenos Aires por ejemplo. Tampoco puede representarse —según una imagen de Heidegger— como «una cuerda tirante entre dos extremos». Dicho *entre* es una hendidura plegada. O si queremos alargar para atrás su sentido, es el *entre* que Freud pone entre la conciencia y el inconsciente. O Marx deslizándolo en el interior de la *plusvalía* que, como anota, correctamente, Lacan en el seminario de *De un Otro al otro*, no es ni plus ni valía, sino el «entre» jugado inter palabras, un «plus de valor» (*Zuschlag aus Wert*, como lo pone Marx).

Es notorio adonde apuntamos con este inevitable circunloquio que arrancó con el asunto de *la importación* conceptual, el problema de la *traducción* regional o global y la cuestión de la *suposición* discursiva y no representativa, es decir, más allá del campo reflexivo, quizás con algo de ficción útil.

Lo notorio, aunque no sea *notable* o haya caído al costado de las *notas*, es que hablamos de la preteridad de los conceptos, de su pertenencia y pertinencia, sin que pueda atribuírseles la propiedad a alguien, lo cual no quiere decir que escaseen los verdaderos instrumentos de captura y apropiación de los mismos. Enseguida despejaré esa noción de «preteridad» que orienta la construcción de los conceptos y el camino del pensamiento. Y, asimismo, señalaré algunas de las guías con que una lógica diferente funda su arquitectura y los senderos para recorrerla y apreciarla. Ello será nada más que un breve colofón.

Estimo que usé términos muy fuertes (bueno, este no es un *pensiero débole*) para nominar a las suposiciones «punto de partida» —como si hubiera uno de llegada— «sin salida», «carceleras del lenguaje», etc. Eran matices cercanos a las tesis y tesituras, pero requeridos por la misma forma de lo que es *suponer* en general, o sea: ocultar en lo dicho lo no dicho del decir, una forma crucial de *lo entre*.

Por lo tanto en el sonido de este develamiento resuena algo parecido a un tamborileo psicoanalítico, cierto que de modo peculiar, acorde con cada oreja. Por eso al manifestar un supuesto se produce un gesto parecido al de arrancar una muela o extraer una espina. Como las muelas, están incrustados. Como las espinas, están clavados.

En sintonía con esto dice Hegel «los últimos fundamentos se dan por supuestos... En su método, presuponen ya la lógica, los criterios determinantes y los principios del pensamiento en general». Ponerle un medio-decir, aturdirse con ellos, no deja de ser una tarea dolorosa, allí donde se suponen y aquí donde se exponen.

Con un ejemplo le pondremos un broche a lo que aludimos en la trama de la pertenencia y al *entre*juego de la suposición. Es a propósito del nombre propio. Se habrá notado que en él se instala el régimen de posesión, la idea de autor, de patrón del texto —dueño y medida del mismo—; de clave significativa, de unidad de significación, de origen, originalidad y sustancia de lo expresado, de genio irrepetible donde la obra adquiere unidad y sentido, de individuo in-diviso excepcional, *conciencia desventurada, alma bella, buena conciencia* y demás.

Tomemos el nombre propio «Cervantes», gloria literaria, premio para quienes buscan tenerla, único e intransferible ¿Es así desde el nombre propio? No, por lo menos implica dos suposiciones (*suppositio*) diferentes. Una, «el manco de Lepanto». Otra, «el autor del Quijote». Vale decir el nombre «Cervantes» no se constituye ni en un apelativo ni en el otro, sino *entre*, en esa falta y exceso de relación inicial que, sin duda, *manquea*. Así como la nada de Heidegger «nadea» o el verde «verdea». Otro tanto pasa con Freud, Marx o Husserl que son tales a partir de situarse *entre* el patronímico y el psicoanálisis, el patronímico y el materialismo histórico o el patronímico y la fenomenología.

Entonces, adquiere todo su sentido, desde el sinsentido que lo dispara, el que algunos sean *pensados* desde el psicoanálisis, el materialismo histórico, la fenomenología u otras vertientes. Por lo tanto no basta con creer que con la figura del «tonto» (sea Bouvard o Pecuchet) desaparece la «suposición» de sus actos. Sólo se distribuye de una manera inédita e inesperada. La risa los supone a ambos y la absorción popular los convierte en un elemento más del paisaje provincial dislocado.

Ello quiere decir que podemos andar por los mares de un pensamiento porque estos ya han establecido sus supuestos, el *qué* y el *quién* del mismo, jamás *cómo* ponerlo a funcionar, *cómo* realizarlo y *cómo* se debe pensar. El mar siempre nos precede, *cómo* navegarlo nunca podremos predecirlo acabadamente. Negar esa precedencia es el riesgo, tan actual, de morir ahogados, sin averiguar si podríamos habernos vanagloriado de saber nadar. Nada menos que haber podido mantener a flote un pensamiento.

Colofón prometido: ¿«el verde verdea» es una proposición sin sentido?

Otra pregunta ¿es siquiera una proposición que haya sido explorada desde la lógica de Aristóteles a la fecha? Aún, ¿alguna tendencia de la lógica matemática o el análisis de las proposiciones científicas, empiristas o deductivistas, se han ocupado de ellas? De modo general responderíamos que sí ¿Pero para qué? Para exorcizarlas bajo la doble condena de que no debe penetrarlas ni la paradoja ni el tiempo, una introduciendo al otro o viceversa. Esta ceremonia exorcizadora ocupó a los *Principia Matemática* de B. Russell, así como los ingentes tratados de sus seguidores. Sin embargo, hoy, autores formalistas como Saul Kriple terminan concediendo que «no hay propiedad semántica o sintáctica de un enunciado que pueda garantizar no ser paradójica» (*Naming and Necesity*).

Para ayuntar a los indeseables —el tiempo, la paradoja— entonces será necesario recurrir al infinito malo, estéril o al sonsonete «lenguaje objeto-metalenguaje», según cierta lógica en curso. Mediante estos *pisos* de un edificio interminable e insulso se aspira a dar cuenta de la «cientificidad» de un discurso y del estatuto de su complejidad.

Sin embargo es sabido desde el siglo XIX que los enunciados y frases tales como: «el inconciente es eterno», «toda conciencia es falsa conciencia», «todo arte es pretérito», «la nada nadea» o «el mundo mundea» no son, en realidad, *proposiciones*, pues nada se produce en ellas que deba *permanecer* para ser verificado.

Son *capas de superficie* de una enunciación que les inquieta y hace perder sus límites espacio-temporales, morfológicos y gramaticales, sintácticos y semánticos. El *es* de alguna de ellas, no responde a la identidad lógico-formal, sino a la «penetración enunciativa» donde el sujeto y el predicado se rebasan mutuamente en el movimiento del lenguaje.

Ya no se trata de «propiedades» (tal es más alto que... o más bajo que...), sino de «procesos verbales», donde el *infinitivo* es el «modus infinitivus», como dice Heidegger: modo de la ilimitación, de la indeterminabilidad, es decir, el modo según el cuál un verbo ejerce y muestra en general el rendimiento y la dirección de su significado. Y qué decir del *participio* (donde muerden distintas lógicas: del sentido, del resto o *parergon*, del himen, de la contaminación, de la doble banda, etc.), que participa de dos significados simultáneamente: uno nominal (la rosa floreciente) y otro verbal (lo floreciente opuesto al marchitarse, donde se nombra el proceso del florecer).

¿Adonde hemos llegado? A lo siguiente: la frase «el verde verdea» tiene más realidad indicativa y real imposible que cualquier proposición denotativa como «verde esmeralda» o «verde mar». La locución marca, además del verde, la incidencia de la luz, la temperatura y otros fenómenos sin los cuales el verde no podría «verdear» y ser detectado como tal.

Así la frase en lugar de designar un hecho, realiza una partida doble: *designa* un estado de cosas y *expresa* un acontecimiento. El lenguaje encuentra su devenir. Otra lógica es posible. Otras lógicas emergen sin poder ser contenidas en los protocolos de las vigentes, lo cual no les garantiza, como se cree ingenuamente, ninguna pretendida superación por anticipado.

VIII

Llegados al plano indiscernible e indecidible del devenir del lenguaje y el lenguaje del devenir (qué otra cosa son los *lapsus, fallidos, olvidos* y demás «formaciones inconcientes») se pueden tender algunas vías, que situaremos rápidamente, en función de redondear la problemática de estos plegamientos que generan sus propias dimensiones al desplegarlas.

Sintéticamente:

Primero. La preteridad de los conceptos nos descubre que ellos no están sujetos a una sucesión progresiva, acotados a una *época* —en la cual tienen su *emergencia*—, presos de ciertas influencias o definidos por determinadas condiciones. No entrañan soluciones a problemas asentados como tales por una ciencia o saber específico. Tampoco se superan o restan atrapados de un *progreso* que los tornaría obsoletos. Sólo responden inventivamente a las leyes de su construcción y a las temporalidades que desencadenan.

Los conceptos siempre nos *preceden,* arriban *antes*, aunque este «antes» no sea localizable de manera cronológica o mítica. Y al igual que ellos no se resuelve en ningún lado ni en ningún tiempo medible. No participan del feudo de un autor que autor-izaría su uso o desecho. Por el contrario es un autor el que sería autorizado a obrarlos en tal o cuál dirección, rumbo que siempre es el de un pensamiento en el cual toman su posición y sentido.

Los conceptos son criaturas delicadas, refulgen o lanzan algún destello cuando se los considera pacientemente. Es decir, cuando son interrogados en una lectura que los impulsa hacia nuevas preguntas. Se cierran o se abren según el régimen de lectura con que se los aborde, o sea: acorde con la labor realizada. Desde este punto de vista podríamos decir que si tienen un «ser», sería un *ser trabajándo-se,* una forma gerundiada vuelta interminablemente sobre sí misma.

Un alto pertinente ya que mencioné en repetidas ocasiones la noción de «ser». Es sabido que Heidegger buceó como nadie en la misma, sea a través de los presocráticos, de Aristóteles o de la misma historia de la metafísica. A menudo lo hizo montado en la «ciencia etimológica», como él la denominó.

Obviamente ésta es indicial, un derrotero para una construcción conceptual, pues a través de sus estipulaciones no se prueba nada. Los decursos etimológicos son abstracciones útiles en ese campo de la lingüística, pero no responden a las del lenguaje y sus usos que siguen rumbos más variados e insospechados.

Más allá de ese recurso que Heidegger movilizó a su gusto y a disgusto de otros, la señal que siempre recibió es que el «ser» era establecido como «presencia», como lo «estante», «presente», «inmóvil», etc. Es decir, operó sustancialmente como tapón de la diferencia ontológica entre ser y ente. Esa exploración y sus hallazgos son inobjetables, a la vez que el pensador alemán los objeto de diversas maneras (escribirlo bajo tachadura, tratar de escribir una teología sin el verbo ser, etc. En el ensayo sobre Derrida, que sigue a continuación de éste, amplío algunos aspectos del tópico).

Sin embargo, un agregado puede ayudar a esclarecer ciertos aspectos desconocidos o sencillamente marginados. Sólo uno los había puesto de relieve. El joven Marx —en coincidencia con investigaciones actuales— había ligado en su momento la idea del *ser* griego con un «régimen específico de propiedad». Hoy para captar mejor el concepto griego de *ousia* (que no traduciré para asimilarla tal cual a nuestra lengua) sabemos que esa palabra significó en primer lugar «propiedad rural» y que de ahí deriva el sentido conceptual del «ser como presencia» (*Anwesen*).

Esta derivación muestra, para mí, cómo un concepto ofrece algo de si cuando uno se deja trabajar —como lo hace la mano del orfebre por un diamante— por él, y no lo origina, causa o corta a voluntad. Sólo un diamante cliva a otro. Sólo un concepto trabaja a otro, desde el punto en que copertenecen al mismo horizonte productivo. Esto nos lleva al tramo siguiente.

Segundo. Que hayamos hablado en el sentido indicado de una «preteridad de los conceptos» señala que ellos circulan y modalizan su curso en una tradición de pensamiento. Olvidemos la tradición como iconografía popular. Ella a menudo se la hunde ilegítimamente en el pasado, pero «en términos más exactos —como dice Hegel— en lo que cae dentro de la historia del pensamiento, no es más que uno de los aspectos de la cosa. Por eso en lo que somos nosotros, lo común e imperecedero, se halla indisolublemente unido a los que somos históricamente».

Entonces, más que una inmersión plena en el pasado, la tradición avanza, adviene, desde el porvenir en los asuntos del saber y del pensamiento. Así, «cada generación crea en el campo de la ciencia y de la producción... una herencia acumulada por los esfuerzos de todo el mundo anterior».

En la medida que es trabajado por un colectivo innominado el mundo del pensamiento es una herencia que nunca se cobra de manera definitiva. En realidad es un sistema complejo de distribución de los seres y los conceptos en ámbitos inéditos de recepción. O sea: una tradición pensamental es tal en cuanto uno se la apropia, la elabora y le introduce un futuro. De modo que la crítica y la destrucción de sus partes esclerosadas es un requisito metódico del agenciamiento de dicha tradición. Nos precede, pero existe sólo cuando la tomamos por las astas para reconocer, en ese forcejeo, su vigencia como un tiempo singular de nosotros mismos. Y que el tiempo sea «singular» quiere decir aquí que se entiende como *devenir*.

Tercero, para simular un falso final. Afirma Heidegger en *Identidad y diferencia* que Hegel dio un paso atrás hacia «lo pensado», mientras él lo ejercerá hacia «lo impensado» de lo ya pensado, es decir, hacia la diferencia abisal entre ser y ente.

Por mi parte traté de avanzar, retrocediendo lo necesario, en este campo, oscilando, pendulando *entre* —según el *logos* de la lógica mencionada—, lo pensado y lo impensado, en los textos y fuera de ellos, donde esas distribuciones ocurren. Pero, simultáneamente, no permaneciendo en ninguno de esos regímenes, sino en el «pensamiento» a secas y sus plegados, que lo repliegan y despliegan con plena libertad.

Desearía ubicar el corazón de los sinuosos dédalos recorridos hasta aquí en la exploración de los intersticios, signos y llamadas que un pensamiento nos lanza desde un tiempo simultáneamente historizable, inmemorial y creativo.

Quizás, dicho a secas y mojadas, el que mejor le cabe a una producción siempre por pensarse.

JACQUES DERRIDA,
UN PENSADOR MONSTRUOSO[91]

[91]Este ensayo fue publicado bajo el título *Jacques De-rrida, un pensador de la alteridad*, en el texto de conjunto *Psicoanálisis sin diván*. Ed. Biblioteca Nueva, Madrid, 2002. El mismo ha sufrido una serie de modificaciones desde la publicación original.

Refiriéndonos al simple sentido común —por así decirlo—, no puede haber amistad, hospitalidad o justicia sino ahí donde, aunque sea incalculable, se tiene en cuenta la alteridad del otro, como alteridad —una vez más— infinita, absoluta, irreductible.

Derrida

El cruce de dos géneros produce monstruos.

Buffon

Recordando a

Derrida está mencionado no muchas veces en mis textos. Sin embargo siempre está presente en ellos de manera concordante y discordante, de acuerdo con la ambigüedad de la fenomenología *sui generis* que cultivó y de la que nunca se apartó.

Es un hueco en los mismos escritos. A la manera de un agujero negro, su pensamiento devuelve una energía imponderable que impulsa y retrae lo que se está pensando.

Pero, el ritmo de su movimiento no permite ningún corte, ya que todo corte remite indefinidamente a otro corte.

Este breve ensayo sobre el péndulo *différance*-deconstrucción que lo popularizó es, asimismo, el núcleo de las polémicas que suscitó, sea con Habermas, Searles y tantos otros. Para mi, en cambio, siempre será un acicate, un vertiginoso torrente para seguir pensando, aún *difiriendo* con su rechazo de toda decisión (en su perspectiva «lugar de la locura»), que, a mi entender, no anula lo indecidible, sino lo torna en una herramienta de análisis y asunción ética indelegable.

Asimismo *difiero*, en el tiempo y el concepto, con su pirueta sostenida para evitar, o sólo rozar, la cuestión fundamental del pliegue en el campo del pensamiento y sus realizaciones.

Por otro lado el «espectro» que recorre Europa ya no es el del comunismo y los «espectros» dejaron de ser los de Marx. Ahora son los retoques espectrales de un neo liberalismo impiadoso y sus nuevas robinsonadas. La Europa no actual, la por venir, según su anhelo, en la actualidad puede ser deconstruída por el *(sin)* porvenir o con un porvenir trazado desde una geometría geopolítica que la excede, más allá de los flamantes y flagrantes espectros que la *asedian* sin sosiego. Y lo hacen desde sus mismas entrañas.

El ensayo finaliza en el punto al que debía llegar, o sea, en la conmemoración a un verdadero tábano del pensamiento. Su intención expresa no fue ir más acá o más allá. Justo fue detenido donde debía sosegarse para que se abrieran otros senderos y diferentes intentos. El de éste, como ya señalé, pertenece a un hilado conmemorativo, donde un recuerdo muy especial —como oyente de algunas de sus clases y conferencias— es una de las cuerdas (*cordis*) que busca ir desde el dedo anular, ese que signa un afecto, hasta el *corazón* de un pensamiento a secas, siempre afecto a la alteridad radical de un diálogo interminable.

Presentar a Derrida

Estuve dando vueltas, girando sobre mi mismo, para presentar (me) a J. Derrida, para anunciármelo desde el comienzo.

El título de este anuncio es un imposible. ¿Pero, éste no es el mismo «imposible» que sus discípulos más dilectos y sus cultores más apegados, han atribuido a la *deconstrucción* y a la différance? No respondamos inmediatamente. El apresuramiento lastima a la pregunta. Ahora bien, si en el «origen» nos topamos ya con una re-presentación que lo ocluye (y la «obliteración del origen» es la *différance* misma), la *presentación* será lo originariamente abatido, y con ella toda percepción. Dejemos resonar la palabra derridiana tal como en *La voz y el fenómeno*, «y contrariamente a lo que la fenomenología —que es siempre fenomenología de la percepción— ("no ha habido jamás percepción"), se extenderá en la matriz de la presentación más exacta, que ya será "una representación de la representación", que se desea en ella como su nacimiento o su muerte».

Es así que el infinitivo (presentar) que alienta estos pasos en un camino marcado por sus rodeos, revierte el signo neutro de la lingüística y de la gramática en particular. Para la flexión verbal el infinitivo es el lugar de lo no marcado, de lo sin huella aparente. Recién se harán evidentes con su conjugación. Ni antes ni después, conjuntamente. Pero resulta que el presentar ya está signado y consignado (asunto de *Mal de archivo*) en la representación... Y esto es lo que repica en cualquier presentación, sea cual fuere. En una palabra, jamás ostenta un «grado cero» o un espacio «neutralizado» que sólo se desea «neutral», sino que mantiene un «espaciamiento» como es indagado en la *La verité en peinture* en el prólogo a *Un coup de dés* o en *La diseminación*. De este modo retoma sus trazas, trazados, solicita sus rasgaduras, permanece surcado por las huellas que el infinitivo reúne y envuelve. Por eso no puede mostrarse más que como una representación de sí mismo, o sea: como un simulacro de presentación plena.

Sin embargo, he querido conservar en este «Presentar a Derrida» la nota de «resistencia» (*Resistencias del psicoanálisis*) con que una verdadera operación de pensamiento horada el ser como presencia, y la retahíla de nombres bajo los cuales actúa embozada. Sea en parejas habituales (sensible-inteligible, sujeto-objeto, significante-significado, real-ilusorio, etc.), sea en fascinantes mandatos (coherencia, transparencia, legibilidad, sentido común, etc.). Presencia que inunda el tiempo, la conciencia, el ego... Así el «presente» que es también una orden de existencia, se imposta como único, con su *aquí* y su *ahora* objetualizados. A la vez hace de sí mismo el regalo más preciado —obsequiar un «presente»—, donde las estrictas normas de pasaje inhiben, precisamente, el tiempo como donación, que es por otro lado, amorosa, no mercantil, aunque sí estético-política (*Dar (el) tiempo*). De igual manera el mundo se presenta a la conciencia. Y ésta, lumínica o intencional, le pone nombre, borrando lo innombrable en la misma operación, lo hace objeto de vivencia, lo convierte en significado.

Asimismo, la errónea suposición de que soy lo más cercano a mí, precipita un régimen identitario. ¿Quién más próximo-prójimo de mi que yo-yo mismo?[92] Y es, en esa modalidad de chato sentido, que lo idéntico de la lógica y la lógica de la identidad (vacía de todo pliegue) bordan sus figuras con las distintas hebras de la presencia.

Presentar a Derrida será, pues, tachar la posibilidad de una presencia desnuda, doméstica y masticable. En cambio será el acto de *donar* — leyendo del revés una frase de Derrida en *Posiciones*,[93] rescribir (lo) mientras leo, lentamente. Se trata de un ritmo alargado en el decir de la escritura, que

---

[92]En este aspecto siempre quedará estampada, para pensar y repensar, la extraña frase de Hegel, «yo no puedo decir yo». En esta otreidad radical se inscribe Derrida.

[93]También en *Parages*, un libro sobre M. Blanchot.

Nietzsche atribuía al «maestro de la lectura lenta» en *El crepúsculo de los ídolos* y a la forma similar de lectura en *Aurora*.

Introducción

Se trata nuevamente de una imposibilidad. Una introducción parece no «introducir» a nada, sino más bien ofrece una falsa continuidad entre las significaciones, las opiniones, gustos, creencias y lo que un libro pone en juego, tanto en sus líneas de sentido como en sus operaciones escriturales.

Era conocida la aversión de Hegel hacía las introducciones. Representaban un intento, en general didascálico, de acercar o ligar de manera externa aquello que sólo podía comprenderse siguiendo el movimiento de la cosa misma. De modo que una introducción buscaría sintetizar aquello que resulta imposible de ser reducido por principio, puesto que su *verdad* entraña el proceso más el resultado. Y la introducción resulta ser sin el proceso al cual simuladamente pretende introducir.[94]

Ello nos inhibiría, entonces, de realizar una introducción *a* la obra o *a* la problemática de Derrida. Aunque tal barrera nos abre una posibilidad dis-

---

[94]Y ni hablar de sustituir la introducción por un prefacio o prólogo, «si hoy en día resulta irrisorio intentar un prefacio que lo sea, es porque sabemos que es imposible la saturación semántica, y porque la precipitación significante introduce un desborde (...) ingobernable, ...» (*La diseminación*). A menos que ese prólogo lo disimulemos como el «prefacio híbrido» del renegado Maldoror o como el «eterno prólogo» de Macedonio Fernández.

tinta. No se tratará de una introducción *a* Derrida, sino de una introducción *de* Derrida, un interlocutor, un compañero de viaje cuya maleta no contiene avíos ni cierres. Una maleta que, quizá, no sea una maleta. Un viaje, quizá, que sólo sea el retorno de una travesía incalculable.

Hoja de archivo

¿Para qué acudir en este momento a la imagen del archivo? ¿Por qué no dejarlo en manos de los albaceas que han detentado su autoridad y privilegio hasta el presente? En especial, los historiadores. Y, un poco a distancia, los antropólogos, sociólogos, etc. Se podrían esgrimir varios motivos, que desmotivarían cualquier apetencia o derecho único de propiedad. Uno clave, que se clava en el corazón del archivo, es que en él se amalgaman dimensiones éticas, técnicas, políticas, jurídicas y, aún, psicológicas. Otro, como apunta Derrida, es porque «se lo ha reducido con demasiada frecuencia» a «la experiencia de la memoria y el retorno al origen, más también lo arcaico y lo arqueológico, el recuerdo o la excavación, ...» (*Mal de archivo*).

Sintéticamente, en la desesperada y muy catalogada búsqueda de los tiempos primigenios. El mismo término «archivo» reúne, cruza, anuda en la *arkhé*, tanto el *origen*, (en sentido físico, histórico) como el *mandato* (el *arkheîon* griego era la casa de los *arcontes*, de los que daban órdenes). Así el mandato sale disparado de lo privado, de aquellos que mandaban desde el domicilio, hacia lo público, aquellos que acataban los dictámenes en el Ágora. De modo que el archivo, *en* y *por* el archivo, se autorizan los «pasos», los «pases» y los «pasajes», de lo privado a lo público, del comienzo —en su carácter ontológico— a la ley. Con ello quiero enfatizar la enorme importancia institucional del archivo, quién tiene acceso a él, quiénes tienen sus llaves, hasta dónde es posible su consulta, quiénes han sido llamados para configurarlo, etc.; es decir, el archivo posee todas las marcas de entradas y salidas, de sus composiciones y descomposiciones, de sus anhelos y prohibiciones. Pero una cosa es segura: el archivo no soporta lo estanco, la compartimentación. Su tendencia instituyente es la de reclamar la consignación, no sólo la «prueba escrita» (consignatio), sino la «ratio» misma de su constitución. «El principio arcóntico del archivo es también un principio de consignación, es decir, de reunión» (*idem*).

¿Qué pasará entonces con instituciones —por ej. las del psicoanálisis— que exhiben la división como «principio fundante» de sus devenires? Es más, ¿habrá devenir con un estatuto semejante? Dejemos flotando esta pregunta. Y el último, que toca específicamente al horizonte de este texto, es que «nuestro» archivo entraña un simulacro del origen y del mandato, pues las hojas, menciones, trazos, arrojados al viento desean convertirse en él y no en fichas de consulta u órdenes de registro.

Falsas entradas. Falsas salidas. Paraísos sin nombres apropiados

Las temáticas que parecen convocarnos están plenas de huellas evanescentes. *La deconstrucción, la différance*. Nombradas así ya son algo, quedan, de entrada, sumergidas en el ámbito de la evidencia. Las perdemos antes de comenzar a indagarlas, a someterlas al universo donde una pregunta deja de tener sentido, para adquirir una fuerza que siempre la rebasa (*Fuerza y significación, Ousía y grammé*), donde los caminos de lo negativo van delineándose mediante sinuosos e insinuantes laberintos. Subrayé las temáticas y al hacerlo les atribuí un eje o muchos principios de organización, «organizadores» centrales y secundarios que ordenan, a su vez, hilos, ilaciones discursivas regidas por la coherencia para una escucha similar o una legibilidad transparente para un ojo atento, cautivo de su propia mirada. O sea: de su conciencia activa, presente en la acción de leer. Así las temáticas aseguran la continuidad, exigen la indivisibilidad, la adecuación de los «hilos discursivos» a la positividad de los objetos que tratan o se esfuerzan por construir verdaderos «Tratados».

Para ello es preciso excluir, y en el límite demonizar, los cortes, las interrupciones, los balbuceos, las hebras de discurso que deshilachan el significado de un texto, la armonía de una forma o la sintonía de un decir. Pero las temáticas albergan además de la unidad de los temas, las marcas asimétricas de la diáspora de *las temas*, exactamente lo que señala el deslizamiento de las locuras —es también uno de sus significados— cuando la dispersión opera sin poder instalarse, encontrar un lugar fijo, designable y apropiado. Y es por ellas que ocurre mucho de lo que señalan tanto *deconstrucción* como *différance*.[95]

Exhalan eso que el Pseudo-Dionisio en *Los nombres divinos* llamaba «la locura de Dios», infinitamente «más sabia que la sabiduría humana». Loca sabiduría la de Dios (borrado del nombre que está más allá del ser), porque es atópica, excedida de los *tópicos y los topos*, engarzada e hilvanada por los átopos, término que designaba a los absurdos, los extraños, los locos. Este acercamiento, una

---

[95]Es observable que en la labor textual, propuesta en este escrito, están inscritas de distintas maneras, aunque casi siempre en la misma línea. No se trata de que sean iguales, o asimilables una a otra. Por el contrario mantienen sus diferencias, pero continuamente dentro de una *cadena de sustituciones*, donde son intercambiables, entre ellas y con todas las demás (escritura, rastro, suplemento, etc.). Por otro lado la idea «fuerte» de este trabajo es que sin la explicitación de la noción de «*différance*» —con sus relevos, entramados y consecuencias—, la seriedad de la problemática derridiana podría quedar sujeta a las coqueterías que sus apropiaciones y expropiadores desencadenan.

referencia así consignada, no deja de tener sus consecuencias; consecuencias negativas para la *deconstrucción* y la *différance*, si ellas fuesen «efectos» o
parientes teológicos de alguna doctrina.

Obviamente estoy aludiendo a la filiación que
se les endosa con la *Teología Negativa* y otras posiciones que van desde el nihilismo extremo hasta un
extremado escepticismo, de «aquellos a los que se
llama "deconstruccionistas", que forman una sec-
ta, una cofradía, una corporación secreta, o más
vulgarmente, una banda, una pandilla, una mafia»
(*Como no hablar. Denegaciones*).

¿Una teología negativa?

«¿Por qué este lenguaje?, ¿Por qué no recuerda fortuitamente al de la vía negativa o al de lo que demasiado comúnmente se denomina la teología negativa?...» (*Aporías*).

Todo semejaría indicar que el endoso, también de un cheque incobrable o de un «oro» irrecuperable, es la figura de una acusación deleznable: mafioso, pandillero. Falacia *ad hominem*. La persona por la cosa. Cosa común en el pasaje de una problemática al tono coloquial, a los enredos familiares. Es cierto que ante la demanda de qué sea la *deconstrucción* o la *différance* (con *a*), la respuesta, o su persistente desaparición, arranca siempre con un *no*. «No se pueden definir», «no son parte de una filosofía del lenguaje», «no son técnicas de desciframiento», «no son procedimientos de lectura», «no son una teoría de la escritura», «ni método, ni técnica», «ni análisis, ni crítica, etc.».[96] Aunque las

---

[96]Estas caracterizaciones y sus motivos se encuentran en casi todos los textos de Derrida, pero están condensados claramente en «*Psyché. Inventions de l'autre*» y en *Memorias para Paul de Man*. Un refrendo de lo anterior para la *deconstrucción* y la *différance*. Su asunto estriba «de cabo a cabo (en) *la* cuestión de la traducción» y no por eso se debería creer que «la palabra deconstrucción se adecua, en francés, a alguna significación clara y unívoca» (*Psyché*). «Ante todo, le diré que su preocupación sobre la dificultad de traducir

respuestas en plural son, a menudo, una manera de no contestar —inmediatamente, en presente— al interrogante: ¿qué es la *deconstrucción*? No es, por eso lo otro: *différance*. Ahora bien, ¿porqué los *no* se vuelcan rápidamente en la bolsa de la Teológia Apofática? Lo mismo ocurrió en el enunciado sobre la *falta*, en la noción de deseo, de Lacan. Como si la negación no pudiera —y quizá no lo pueda— inscribirse en un primer boceto en la negatividad de la dialéctica hegeliana, en la «negación de todos los valores», la transvaloración nietzscheana o la *Verneinung* freudiana.

No digo que habría que hacerlo, sino que pudiera suceder. Aunque aquí, como sabemos, se trata de rubricar una *différance* con todas ellas. Por otro lado cuando se dice «Teología Negativa» surge un sistema de complicidades más o menos estatuido. Se trata de ese borde «virtual y móvil» entre lo sobreentendido y el malentendido. Ese mutuo rebasamiento entre el uso y la mención, el manejo

---

ese concepto (*différance*) va dirigida al propio corazón del problema. Es una palabra intraducible a cualquier lengua, incluso diría que ni en francés, dentro de esa economía que supone cierta sintaxis latina, no es sustituible por ninguna otra palabra» (*No escribo sin luz artificial*). «Varias veces he insistido que la deconstrucción no debe reducirse a un método, (ni) a una técnica con sus reglas y sus recetas». «¿Lo que la deconstrucción no es? ¡Pues todo! ¿lo que la deconstrucción es? ¡Pues nada!» (*Psyché*).

coloquial de la lengua y su dislocamiento, la falta de ajuste que se da en el lenguaje mismo. Como recuerda Derrida la expresión «teología negativa» es «demasiado tosca y vaga, resultaría todavía inadecuada». Para librar seriamente un debate al respecto, haría falta «clarificar esa denominación estudiando corpus, escenas, recorridos y lenguas muy semejantes».

Marcas, evitaciones, tachaduras[97]

Sin embargo no cabe duda de que en su pensamiento hay marcas o *différance* sin rastro. Marcas de marcas que no se ubican en diferentes registros o instancias (modelos de presencia), sino que participan —como se afirma en *La Voz y el fenómeno*—[98] *sin* causa ni origen. Y sabemos o intuimos el poder y la función de ese *sin* en la lengua. Por ejemplo, en las oraciones —no exentas de malicia— «Marx fue un revolucionario *sin* revolución», «Freud un psicoanalista *sin* psicoanálisis» y demás advertencias (¡cuidado!), *sin* darnos cuenta que filtramos el margen de lo no pensado. El *sin* hace divergir, disocia la atribución singular de la generalidad esencial:

---

[97]«Esta alteridad radical con relación a todo modo posible de presencia...». «Para leer las marcas de las marcas "inconscientes" (no hay marca "consciente") el lenguaje de la presencia, o de la ausencia, el discurso metafísico de la fenomenología es inadecuado...» (*Marges de la philosophie*). Por otro lado hay que tener en cuenta que para Derrida al pensar un corte cualquiera éste no «muerde un todo ni un absoluto, sino que muerde ya en un corte» — (*La Tarjeta postal. De Freud a Lacan y más allá*).

[98]Ahí dice: «el aparecer de la *différance* infinita es finito él mismo. Desde ese momento, la *différance*, que no es nada fuera de esta relación, llega a ser la finitud de la vida como la relación esencial consigo como su muerte. La *différance* infinita es finita. No se la puede pensar, pues, ya, en la oposición de la finitud y la infinitud, de la ausencia y de la presencia, de la negación y de la afirmación».

revolución como ser-revolucionario en general, psicoanálisis como ser-psicoanalista y psicoanalizado
en general. Por otro lado *evita* la abstracción relativa a todo nombre común, y transforma en afirmativa su negatividad, la viabiliza o como señala
el pensador franco-argelino «deconstruye el antropomorfismo gramatical».

Claro que esta adherencia de la «teología negativa» —una entre tantas «fascinaciones» como él
acepta— siempre será pertinente, pero ella no es
un indicador de pertenencia. Según mi apreciación,
y por los *ritornelos* de la obra, es necesario pensar,
más bien, la negatividad en la *denegación* (una negación que se niega a sí misma) distanciada de la
psicoanalítica —hasta haberse realizado su deconstrucción— e incluida en la ruta de la «evitación»
heideggeriana.

Heidegger ha lanzado la consigna, la propuso
como tal, de «evitar»[99] la palabra ser. Si fuera posible equiparar denegación y evitamiento, sería el
resultado de una tarea, no de una elección anticipada. De todos modos, algo sigue trabajando en
ellas, la *différance*. Escribir ser, pero constantemente bajo tachadura que tenga la forma de una cruz
(*Kreuzweise Durchstrechung*), imagen de un cruce
antelativo al nombre y de un signo no convencio-

---

[99]Derrida desarrolla una perspectiva del «evitar» heideggeriano en *De l'esprit. Heidegger et la question.*

nal y meramente privativo, pues él muestra, exhibe las cuatro regiones de la Esfera (*des Gevierts*): la tierra y el cielo, los mortales y los divinos. Dicha cuaternidad[100] se reúne en un «lugar de cruce» que concita hacia sí «lo más alto y lo más extremo».

La tachadura operaría, bajo un dejo de prohibición condicional, en dos sentidos. Uno que apunta a la legibilidad del término. Así puede, todavía, ser leído y tratado como una faena de desciframiento. Pero *no* se debería pronunciarlo. Otro que lo delega a ser objeto de un uso común, como un poblador infaltable del habla cotidiana. La función esencial en ambos sentidos no es la de evitar, sino la de que el ser sea puesto en el mismo plano que en el de un objeto cualquiera.

Ella tiende a sustraerlo de una representación objetivadora (*Vorstellung*). Tal es el cometido de la

---

[100]La cuaternidad podría pensarse, entre otras variaciones, en un plano topológico, fuera de toda enumeración, más allá de cualquier orientación geográfica o cósmica. Quizá, sea más preciso decir que requiere un «análisis situ», un nombre previo de la topología, que ésta sustituyó después de 1940 acorde con las operaciones que en cada lugar (situ) se están realizando. No está demás «asociar» la cuaternidad heideggeriana expuesta en *Sobre la línea*, *La cosa* y en varios pasajes *De camino al habla*, con el RSI borromeico tal como lo diseña Lacan. El cuarto (cuaterno) eslabón que veda la disolución de la cadena compuesta por lo Real, lo Simbólico y lo Imaginario, estaría constituido por el *sinthome* y el anudamiento crucial que éste produce.

tachadura: volverlo inaudible, sordo (aquí muerde la crítica del fonetismo), aunque siga siendo «legible» de un cierto modo. Es el mismo juego en el que se inscribe la *différance* derridiana. «Ahora bien, si la *différance* es; pongo el es bajo una tachadura; ...»[101] donde ella se deja leer, pero permanece inaudible. Y en paralelo con el *Geviert* (cuadrante) y el *Ort* (lugar) heideggerianos también la *différance*, en cuanto sustento y ligadura de la deconstrucción, parece difícil —cuando no imposible— traducirla.

Un destino común al del ser tendría que ocurrir con su opuesto simétrico: la nada. Ella debería «leerse y escribirse bajo tachadura». De ese modo queda barrada la «nada» que alimenta los discursos sobre la negación, la negatividad o el nihilismo. Y que el ser y la nada sigan siendo escritos quiere decir que, aún, deben seguir siendo pensados, aunque en ellos, como suscribiría Heidegger, «el pensar ya no tenga tarea».

Pero la *evitación* se ofrece también *sin* tachadura. Y ello ocurre a propósito de Dios. En relación al pensamiento sobre Dios es preferible «no dejar

---

[101]El texto de Derrida *La Différance*, tiene según mi apreciación en estatuto similar a *Sobre el Ser* (trad. cast. abreviada de *Zur Seinsfrage*) de Heidegger, ya que en él aparece, fuera de la representación convencional del signo, una idea de contraposición al significante, a la transparencia, a la representabilidad y a la oposición que se da entre mundo sensible (significante) e inteligible (significado).

venir,... la palabra ser». Lo recuerda, asimismo, en una transcripción de su intervención ante los estudiantes de la Universidad de Zurich, en 1951, donde aclara que «el ser y Dios no son idénticos». Y lo refrenda con una frase que ha circulado sin demora, sin que se haya *evitado* su publicidad, «si yo tuviese todavía que escribir una teología, a lo que a veces estoy tentado, la palabra "ser" no debería aparecer en ella».

El asunto se radicaliza. En su «tentadora», apenas lanzada, *teología*, la palabra *ser* ni siquiera se tacharía, simplemente estaría aniquilada. Lo cual, a nosotros, nos traería la evanescencia de una, varias huellas.[102] Llegados a este punto, ¿qué podemos aventurar? Que en la *différance* transcurren las huellas de los pliegues de la «evitación» —incluso de sí misma— heideggeriana y de la, todavía no desmontada, «negación» freudiana. Las cuales a su vez, despliegan algunos de los pliegues sobre las cuales están replegadas, sin saberlo a ciencia cierta. Todo eso nos llevaría, sin quererlo ni pensarlo,

---

[102]Como subraya Derrida, «Heidegger ha escrito, con y *sin* (without) la palabra "ser", una teología con y sin Dios. Ha hecho eso que dice evitar hacer. Ha dicho, escrito, dejado escribir eso mismo que dice querer evitar. No ha sido sin dejar una huella de todos esos pliegues. No ha sido sin dejar aparecer una huella de eso, una huella que no es quizás la suya, pero que es casi la suya» (*«Como no hablar. Denegaciones»*).

a las huellas —«archihuellas»—, a los pliegues de
pliegues que envuelven a cualquier pensamiento sobre la diferencia, y más cuando ella transita por las
vías de la *différance*.

Una acotación. Por otro lado lo que vengo ex-
poniendo, su propio régimen, nos *expondría* a considerar —cosa que, apretadamente, hice en otros
escritos—,[103] la relevancia de la «huella» y su caída de la representación en Freud, del *Zwiefalt* (un
tipo de pliegue) en Heidegger y del «pliegue», prin-
cipalmente en Deleuze.[104]

---

[103] *La problemática de la representación*; *Ensayo sobre el
pensamiento sutil*; *Elogio del pensamiento* y en otros anteriores a la manera de señales a seguir en los trabajos posteriores.

[104] Las transformaciones que inducen los textos es constante. En el *Proyecto...*, en el *Block...*, etc., maquinan y se
asocian con otras «marcas». En *Moira* de Heidegger, el ente,
se piensa en el pliegue de ser y pensar de modo participal, sin
que lo gramatical intervenga en el saber del lenguaje (esto
ha sido parte de un desarrollo específico en *Elogio del pensamiento*). Deleuze en *El pliegue* despliega a Leibniz sobre el
barroco, y viceversa. Y otros autores, Scala, Serres, Couturat, etc., sobre diversos dominios. Y es por ese camino de la
diferencia —que sostiene Derrida en consonancia y disensión
con distintos autores—, que circulan el «don», el «deber», la
«justicia», y demás aporías que surgen con la anticipación de
la muerte —rasgo humano por excelencia—, en el esperarse
«(en) "los límites de la verdad"», en la constelación misma
de las aporías. Y ellas, aquellas que indagamos, no pueden
eludirlas, aunque si cuestionar el estatuto de «completud»

que les otorga. En una palabra, lo que está en juego es si se mantiene, fuera de cómo se plantean los problemas de la *diferencia*, una férrea separación —otra dualidad más— entre la continuidad o discontinuidad del pensamiento (cierto que en Derrida esta dualidad como tal está cuestionada, aunque permanece irresuelta. Nuevamente reaparece el problema de la decisión) o, realmente, se la plantea al modo de un plegado atento a las operaciones que posibilita en cada caso, donde copertenecen, necesariamente, imbricadas en una continuidad que absorbe sus modos, instrumentalizaciones, sentidos y momentos discontínuos. Esto evita las cómodas yuxtaposiciones (salvo en ciertos trabajos específicos) que facilita Google y que pasan por ser simulacros de elaboración, cuando son un mero *enterarse*, un simple *estar al día*, que rehúye el acto escritural bajo la creencia de que se lo ejerce. Otra cosa es acceder a esos recursos para informarse que *difiere*, radicalmente, del proceso de formarse. Y desde ellos, lo que el pensamiento abre en la diferencia, aún de aquella que roe por dentro los sueños de compactas identidades.

Differance – deconstrucción, esos imposibles

«Es inútil recordar que la deconstrucción (y la *différance*) si la hay... tiene lugar —lo he dicho con demasiada frecuencia— como experiencia de lo imposible» (*Resistencias del psicoanálisis*). Pero ni siquiera es ahí donde se detiene el movimiento, la continua mutación deconstructiva. En «*Psyche. Inventions de l'autre*» la imposibilidad de la deconstrucción es intensificada como «una determinada experiencia aporética de lo imposible».

Entremos, ahora, al laberinto. Hagámoslo con la cautela necesaria que inspira sus trazados. No digamos qué es la *différance (o la deconstrucción)* sino vayamos, pensándola, dejándola venir. Sin embargo cabe otra opción, liquidar rápidamente el asunto, atribuirle un ser o un significado que, después, estipularemos tajantemente que no existe —ni en su realidad ni en su idealidad—, pues supone un esencialismo reductor, capturador o lo que se quiera.

Así, velozmente, como un vaso de refresco, podemos echarnos la *différance*, o la *deconstrucción*, tan «alambicadas», por no etiquetarlas de «sofísticas». He aquí algunas aseveraciones, «la fuerza dinámica del lenguaje, el mecanismo que el análisis deconstruccionista pone de manifiesto es denominado *différance*». Otra, «la *différance* señala (es una orientación, una señal) cómo el significado *es* a lo estructuralista, un producto de diferencias, y al mismo tiempo cómo este significado está diferido en el tiempo». Todavía, «*la différance*». Aunque sería una ingenuidad —en la que se cae a menudo— comprender la *différance* por la demora, por una postergación que la haría finalmente transparente para el sentido común.[105,106] Estimo haber dado algunas pistas —de esas de «patinaje»— por las cuales una «presencia» así de la *différance* la vuelve totalmente impresentable,[107] no felizmente irrepresentable.

---

[105]Todavía hoy se sigue creyendo que el acceso a cualquier discurso debe ser objeto de una rápida manducación, donde la claridad de la argumentación se confunde con la masticación. Sin embargo «suponer que existe un modelo de inteligibilidad *natural* e inmediatamente *dado* a todos, en la calle, por ejemplo, en la prensa o en la televisión, es un engaño y a veces un hondo falseamiento. ¡Aún en la calle y en los medios de comunicación, el lenguaje en apariencia más accesible está marcado por tantos códigos, subcódigos, y, en consecuencia, por tantas exclusiones! Quienes exigen a los filósofos (literatos, psicoanalistas, etc.) que "hablen como todo el mundo" deberían reflexionar sobre ello» (*No escribo sin luz artificial*).

[106]Se trata de *Marges de la philosophie*, de cuya edición castellana deberíamos hacer un largo comentario, comentario a su vez, que no puede dejar de rozar la traducción y sus problemas.

[107]De ahí que hayamos volcado en el comienzo una cierta aporía: «Presentar a Derrida».

Ya en el laberinto, resonando en sus circuitos, sugeriría una puntuación para andar en él. Andar no es dejarlo atrás, sino aprender a vivir en sus intensificaciones. Retornemos a una pregunta sobre lo obvio. ¿Cómo piensa Derrida la problemática de la diferencia?

A través de otras. No es una respuesta, es el balbuceo de un responder. Pero algo ya resta dicho, y es que no se puede abordar directamente. Hay que circundarla, bordearla sin roturar sus bordes, peri y parafrasearla (el parentesco con las vicisitudes de las pulsiones en Freud es inevitable), arriesgarla en el «discurso indirecto libre»,[108] indicarla por sus huellas e incitarla, precisamente, en el lugar no demarcable de sus marcas.

Ahora bien, el abordaje de la diferencia, implica des-abordar otras que se han adherido a ellas sin serlo, tales como la «distinción», la «desemejanza», la «disimilitud», y demás términos que el lenguaje ordinario convirtió en sinónimos. Más cerca parece estar la propia diferencia con ella misma, por lo menos respecto a las formas que enfocan la diferencia

---

[108]Para captar los agenciamientos y la capacidad de generar enunciaciones colectivas de tales «*regímenes*», sería interesante consultar *El marxismo y la filosofía del Lenguaje* de Mickhael Bakhtine (Batjin) y *La experiencia herética* de P. P. Pasolini.

partiendo de lo «diferente».[109] Así el rumbo queda extraviado en los pasadizos.

Retornar sobre un semicírculo del laberinto entraña aproximar la diferencia hacia esa *a*, hacerla pariente de un pensamiento, «evitativo, retraído y retrazado»,[110] enraizado como *différance*. Pero — la adversativa también es de Derrida— se apreciará enseguida que nuestra remisión a la Teología Apofática no era sólo una ocurrencia. «Sin embargo —aclara—, los rodeos, los períodos, la sintaxis a la que a menudo deberé recurrir se parecerán, a veces hasta confundirse con ellos, a los de la Teología Negativa» (*Marges de la philosophie*). Al remarcar hasta el cansancio que la *différance* no es ni existe, se destaca «todo lo que no es, es decir, todo; y en consecuencia que no tiene ni existencia ni esencia. No depende ninguna categoría de ser alguno presente o ausente» (*idem*).

---

[109]Recordamos que desde Hegel la *diferencia* se opone a lo *diferente*. Éste pertenece a lo evidente, lo igual, a lo consistente *en si* sin *otro* ni *otreidad*. Mundo naturalizado. Mientras que la *negatividad* es diferencia que deviene como tal porque desde el comienzo requiere de lo otro para ser tal, sino sería solamente una negación reflexiva, un juicio negativo o un *no* consciente.

[110]Con esto hago alusión a *La retirada de la metáfora*.

Pero volvamos a la «*a*» (francesa)[111] de la *différance*, donde la diferencia es pensada en su novedad y desde su despegue. La palabra que surge a través de la incorporación de la letra, busca diferenciarse de la palabra —dicha o no— y la letra tal como han sido concebidas hasta hoy, o sea: como unidad.[112] Recordemos que en Heidegger la palabra «primordial» es el fundamento (*Grund*) de todas las demás. Como tal es única en su unidad. Una de ellas, no podía ser de otro modo, es «ser». Otro tanto pasa con Lacan. Para él la letra es indivisible, se produce en remisiones unitarias, es decir la materialidad del significante y del significante de los significantes —el Falo— no soportan la *partición*. Entonces, la «lógica del significante», a pesar de suponer la escisión (*Spaltung*) del sujeto, reenvía sin cesar a una variante de las lógicas identitarias. En cambio, la letra en Derrida parecería estar suspendida de una exploración inacabable de lo indecidible,[113] indecible e impenetrable, para un principio unificante.

La *différance* no es ni un concepto, ni una palabra. Tampoco es previa o posterior a ellos, pues-

---

[111] Poner «"*a*" (francesa)» responde a la exigencia que piden los textos de Derrida, p. ej. respecto de la traducción (*La filosofía en su lengua nacional*), su concepción de la escritura y al desguace radical del fonetismo.

[112] Poner en cuestión la unidad «palabra» es la tarea de *De la gramatología*.

[113] *Mallarmé* en *Tableau de la littérature française*.

to que ya supondríamos una sucesión temporal, una cronología o una cronotopía del concepto y su expresión hablada o escrita, en el sentido corriente de estos términos. Es entonces cuando uno está tentado a hallar semejanzas —falsas salidas del laberinto— con otros vocablos. ¿Será el «existenciario» heideggeriano?, ¿lo «antepredicativo» de Husserl?, ¿el «inconsciente» freudiano?, ¿lo «indeterminado» o «indefinido» en general?, ¿un magma estructurante? O, ¿todo ello, y mucho más, en un simultaneidad enceguecedora? Pero la *semejanza* es sólo un efecto de presencia, de *parecidos* que intercambian sus cualidades y posiciones sin sufrimiento ni fuerza alguna. En cambio la *dynamis* (*Fuerza y significación*) es constitutiva de la *différance* a la que nutre como un bordeamiento divisible, no clausurable, entre la vida y la obra, el cuerpo y el corpus que no pueden capturarse bajo el nombre de un autor, y, quizás bajo ningún nombre propio.[114]

---

[114]La serie problemas estrictamente concatenados que atraviesan el nombre antes del nombre, el nombrar en general, el nombre propio, la complejidad de la operación de firmar, etc., está lanzada en diversos textos de Derrida, p. ej. *Margés*, *L'oreille de l'autre*, *Glas*, *La diseminación*, y antes en *De la gramatología*, *La voz y el fenómeno*, *La escritura y la diferencia*, etc. Respecto al asunto del nombre, en especial, el escrito *Khôra* lo pone en juego con toda su potencia, así como el efecto —sin causa— llamado «platonismo» que desencadena la *firma* de Platón. «Ella está definida por un

Sin embargo las resonancias no se ocultan, surgen tal cual, pues la *différance* «se escribe o se lee, pero no se oye», respecto de la *différence* francesa. Esa *a* es lo que se ofrece para pensar, y en demasía. No dilataré excesivamente la cuestión, pero hay que señalar lo que desaparece si aparece omitida.

En primer lugar la *différance* (no su inviable traducción como diferancia) es, sin presentar, la marca del despliegue de la diferencia ontológica (a la que no escapa la «sexual»),[115] y la señal del movimiento de ese despliegue. En segundo lugar «su inaudibilidad» (diseminación, indecibilidad, etc.), similar a la de una tumba, juega en el espectro donde se da una «economía de muerte». Desde ese ángulo podría ser una introducción *de* la «pulsión de muerte» en lo irrepresentable del escrito mismo.

---

sistema simbólico de convenciones (cheque, carta, cuadro, etc.) sin el cuál no vale nada. Por eso la firma, sea de quién fuere, no está dentro ni fuera, sino en el límite». Respecto del *nombre propio* en general, debemos enfatizar que no se puede confundir con el *patronímico* (Joyce, Marx, Bataille). Es un conjunto singular de apelaciones, marcas, trazos, ligazones, etc., con ayuda de las cuales alguien puede dar sus señas de identificación, llamarse a sí mismo, y demás cuestiones. De ahí surge la dificultad, constantemente ignorada, de reducir el nombre propio al patronímico, endosándole, p. ej., a la vida de un autor, los procesos de su escritura.

[115]Para este asunto es interesante consultar *Fourmis* que forma parte del texto *Lectures de la différance sexuelle*.

De ese modo, el régimen de efectuaciones de la
a, cancela las oposiciones, dicotomías en general y,
en especial, la fundadora de la metafísica occidental, la que se establece entre lo *sensible* y lo *inteligible*. Así lo insoportable, sea llamado «siniestro»,
«indecible», «angustia», «innombrable», o como se
quiera, transita, es pasado (aún en sentido temporal) de lo sensible a lo inteligible, de un polo a otro,
y *entre* los cuales se operan ciertas transformaciones que recorren las innumerables gradaciones entre
el mal y el bien, lo superficial y lo profundo, la presencia y la ausencia, etc. Simetría de los contrarios
que las historias compartidas y las oportunidades
repartidas se encargaran de sellar en algún punto
de conciliación.

¿Pero si la *a* —letra partible en dimensiones
no anticipables en ningún lado— no se desliza en
planos de oposición, dónde lo hará? En múltiples
textos Derrida señala, disolviendo las «positivida-
des» con un pensamiento «afirmativo», el intervalo
en el que transcurre y troca sus máscaras, hiriendo
los antagonismos, la *différance* tal como se escribe
aquí, no es más estática que genética, no es más
estructural que histórica». Así, boceta los caminos
de sus propias circulaciones condicionales, «si con-
sideramos ahora la cadena en que la *différance* se
deja someter a un cierto número de sustituciones

no sinonímicas, según la necesidad del contexto,[116] por qué recurrir a la "reserva", a la "archiescritura", al "archirrastro", al "espaciamiento", incluso al "suplemento", al pharmakon, pronto al himen, al margen-marca-marcha, etc.». Podríamos seguir agregándole eslabones, que refuerzan la cadena debilitando cualquier uso totalizador, como «huella», «parergon» (lo accesorio o anecdótico como clave de lectura), «entame» (merma en el comienzo, que corta el corte de su plenitud), «firma» (que no está dentro ni fuera del texto), y todos los agregados que podríamos ir haciendo.

La consecuencia del incesante resbalar de la *a* — esta verdadera *labrys*[117] como me gustaría llamarla—

---

[116]Acorde con el acto que se lleve a cabo, es decir en el lugar preciso dónde acontece una labor deconstructiva. Valgan unos pocos ejemplos al respecto, para no extenderme demasiado, la «huella» o la «archiescritura» en *De la gramatología, La escritura y la diferencia*; el «parergon» en la *Verité en peinture*; la «marca», la «grammé» o la «firma» en *Marges de la philosophie*; el «pharmakón», el «or», el «himen», en *La diseminación*. O para dejar un punto aparte, el «espaciamiento» y la pluralidad de filiaciones —como todos los términos aludidos y los no mencionados— a que está sujeto dicho acto, en *El origen de la geometría, La diseminación, La verité en peinture* o *Glas*.

[117]El *Labrys* era un hacha de doble cabeza que sir Arthur Evans halló, en cantidades considerables, pintadas sobre las paredes del palacio del Rey Minos de Creta, en Cronos. Se afirma que ahí estaba el célebre laberinto. Creo que no es

implica una metamorfosis del concepto de signo, que ya no puede ser un «constituyente inmediato», presente *a* y *en* la lengua. Guiado por la *différance*, entonces el *signo* es lo que debe ser rodeado, pues sería «la presencia diferida», y no el «aquí» y «ahora» ubicado diacriticamente en la «cadena significante». Su valor, el valor de su fuerza, será el de una incitación al circunloquio durante el cuál se producen ramificaciones,[118] la evitación de la presencia y el principio rasgado de su conformación.

La *a* no sólo nos pone sobre una pista, nos orienta en el rango de una indagación acerca de la diferencia, sino que hace que la «problemática de la escritura» sea lanzada «con la puesta en tela de juicio del valor de *arkhé*. Se recordará que *arkhé* componente básico de la palabra «archivo» operaba en un tipo de pliegue o también de «una que son dos» (*Zwiefalt*) significaciones: *origen* y *mandato*.

Pero no sólo en cuanto inhibidora —corte en el corte— de un origen, también de un *telos* (fin) y

---

necesario subrayar el estrecho parentesco de *Labrys* con laberinto, y del instrumento (hacha de doble cabeza) con las operaciones que esa *a* puede inducir.

[118]Son las interminables «rizomatizaciones» a que la «máquina» deleuziana, funcionando mediante cortes y flujos, somete al libro tal como se lo concibe clásicamente. Para ello ver *Rizome* en *Mille Plateaux* de Deleuze y Guattari.

de un *ekhatos* (medio, mediación), siempre designa-
dores de una presencia, elevada, progresivamente, a
una omnipresencia. De modo que «la *différance* será
no sólo el juego de las diferencias en la lengua, sino
la relación del habla con la lengua, el rodeo también por el cuál debo pasar para hablar, la prenda
silenciosa que debo dar[119] y sobre todo «un juego
de marcas, es preciso que sea una especie de escritura *avant la lettre*, una archiescritura sin origen
presente, sin *arkhé*».

La trama de marcas deshechas a su vez por
marcas, que rondan por fuera de cualquier variante
causal, puesto que tanto causa como efecto son viejos nombres generadores de presencias. Así la *différance* iniciará su circulación, es decir, reiniciará su
marcha como «obliteración del origen», ni perdido, ni recuperado, sino «archimarcado». Y si en el
origen se intentó creer hallar lo arcaico «en estado
puro», ahora soslayamos que lo «simple» está im-
pregnado de una espesa contaminación. «Lógica de
la contaminación», del «injerto» (*La diseminación*)
que anida en todo origen, deshaciendo su original
pureza, según el orden de las distribuciones a que
sea sometido, puesto que la misma *originalidad* está

---

[119] A propósito de ese dar (cuya raiz, según Benveniste, es
la misma que la de recibir), sus contraposiciones y aporías,
ver *Dar (el) Tiempo* y *Donar la Muerte*.

ligada a él, infectada desde un comienzo fechado o mítico. Por otro lado dichas lógicas son colindantes, realizan sus marchas y contramarchas, acompañadas por ciertas «reglas de demostratividad», verdaderos regímenes de afección, que tienden a mostrar lo inadecuado de la noción de *género*, a favor del entrelazamiento en el mismo corpus de dos o más *géneros*, p. ej. el filosófico y el literario, Hegel con Genet, en *Glas*, o Husserl con Poe, en *La voz y el fenómeno*. Así en las *palabras de orden* (identidad, representación, coherencia, etc.) albergan los seísmos que parecerían reinar sólo en los vocablos desordenados. (*Entrevista con Guy Petit de Manges, y El lenguaje y las instituciones filosóficas*).

Entonces las precauciones, ante la incisión que labra el doble filo de la *a-labrys*, nunca son suficientes. Uno deja de tomarlas o decide merodear, vagar por los dédalos, para acceder, brevemente, a la cruz del laberinto:[120] la deconstrucción; término,

---

[120]Se podría suponer que la tachadura inducida por la *différance* semeja la cruz que caracteriza el movimiento, no sólo la circulación, de un laberinto. El ángulo inferior izquierdo (A) es la primera vuelta. El superior izquierdo (B) y el inferior derecho (D) señalan el punto de giro del viaje. Y el ángulo superior derecho (C) es el último, previo a la salida, es decir, al re-comienzo.

cuya utilización —como todas donde interviene la *différance*— debería ser des-terminado.[121]

---

[121]La idea de *desterminación* está desarrollada en mi libro *Ensayo sobre* el *pensamiento sutil.* Con ella trató de hacer virar, acotar y restringir la *causalidad* tal como ha sido formulada tradicionalmente. Por otro lado intento distinguir la *determinación* y la *sobredeterminación*, evitando la fusión o indistinción mecánica con aquella y sus modalidades.

La differance. Afirmación en abismo

¿Podríamos nombrar afirmativamente la *diffé-rance* sin arrancarla del *humus* negativo? Estimo que sí.[122] Las mayores suertes de los rodeos ya las he trazado. Ahora caben algunas puntualizaciones. La apelación al *acto*, su cualidad de *acto* («será así el movimiento de juego que "produce", por lo que no es simplemente una actividad,...») es una de las claves de la *différance*.

El remarque toca, en este momento, a la termi-nación *ance*. No hay que olvidar que ella en el uso del francés es una *voz media*, ni activa ni pasiva, sencillamente un acto extendido entre ambas. Des-de ese «intervalo diferencial» (espaciamiento que rompe la identidad de si consigo misma de toda presencia) se podrá llamar *différance* a la «discor-dia activa, en movimiento, de fuerzas diferentes y de diferencia de fuerzas que opone Nietzsche a to-do el sistema de la gramática metafísica, en todas

---

[122]Derrida, dando un paso al costado de la acusación de «nihilista» que le supo endosar J. Habermas y otros, sostiene que tanto la *différance* como la *deconstrucción* son impensa-bles «sin una afirmación..., un si originario que no es crédu-lo, dogmático o de asentimiento ciego, optimista, confiado, positivo, que es lo que viene supuesto por el momento de interrogación, de cuestionamiento, que es afirmativo» (*Sur la parole*).

partes donde gobierna la cultura, la filosofía y la ciencia» (*Marges de la philosophie*).

Por el movimiento, el disloque y las intensificaciones que produce la *différance*, la noción y la ambición de la presencia en general *restan* disueltas. Asimismo caen sus imprescindibles acompañantes: la conciencia («presencia para si, percepción de sí misma de la presencia») y el sujeto, que jamás pudo pensarse sin referencia a una sustancia presente (*upokeimenon, ousía, sub-jectum*).

En el camino la *différance* deconstructiva ha borrado la ilusión de ser un nombre adecuado para ella. «Más *vieja* que el ser mismo, ..., no tiene ningún nombre en nuestra lengua».

¿Y porqué no puede adquirir un nombre? Porque éste no tiene la posibilidad de rebasar la unidad nominal, la trama de identidades a que lo sojuzga el sistema de la lengua. De ahí que sea a condición de no-ser; no sólo *falta* o *carencia* de ser, sino *lo otro*, radicalmente *otro* que el ser. O, para decirlo con palabras de Derrida, como «una cadena de sustituciones que difieren», por la cual ese «innombrable» genera las efectuaciones de las estructuras parcelarias, atómicas, llamadas «nombres». Sin embargo, a mi entender, la *différance* no ha distorsionado totalmente el valor de presencia que ella porta.

Todavía en su escritura late una unidad virtual de significaciones; precisamente lo que se denomina polisemia. La *différance* es «inmediata e irreductiblemente polisémica» nos asegura Derrida. Aunque, más tarde, al disentir con Austin, la resigna de manera definitiva en pos de la decisiva otreidad de lo «indecible». Desde ahí remueve el *juego de marcas* que la caracteriza y su *tachadura originaria*, reinscripciones, falsas entradas y falsas salidas, gracias a las cuales impulsaba la transformación inédita —para una historia del pensamiento— de la «semiología general en gramatología» (*Marges*).

Dejemos aquí, es decir «allá», en esa aparente transposición del laberinto, una primera e inequívoca señal de lo que, según mi apreciación, hay que pensar *en* y *de* la *différance* tal como la concibe Derrida en *Espolones*[123] que abrirá cualquier estilo de abordaje deconstructivo, evitándole la creencia de haber encontrado un formalismo mas, reglas del correcto proceder, o un método en cuanto estructura o procedimiento formal.

Facilitemos, con las palabras de Derrida, el proyecto de mutación y el nuevo signo que sobrevendrá en el mismo corazón de la *différance* y de la manuable *deconstrucción*; así como en sus dislocamientos, indagaciones y operaciones. Precisamente en *De la Gramatología* se anuncia: «El porvenir sólo puede anticiparse bajo la forma del peligro ab-

---

[123]De igual modo que *Espolones* marca los estilos de Nietzsche, los textos y su *fuera* trazan los del mismo Derrida.

soluto. Rompe absolutamente con la normalidad constituida y, por lo tanto, no puede anunciarse, presentarse, sino bajo el aspecto de la monstruosidad».[124]

Entonces, marca de lo *monstruoso*, lo monstruoso como régimen singular de toda *deconstrucción*, firma, archiescritura, pharmakon, huella, entame, margen, *différance*,..., ¿y dónde situar el último eslabón? Exactamente donde no está.

Por ahora —y quizá siempre— no nos apresuremos en definir nada, sobre todo porque ella aparece surcada por una tachadura similar a la que previamente alcanzaba al *es*. En silencio, del cual nace la música, deslicémonos junto al pensamiento que discurre frente al muro blanco e innombrable[125] de

---

[124] Aunque «lo siniestro» (*Das Unheimliche*) freudiano sea el ejemplo más fuerte de «siniestro», ya que lo extraño habita en lo familiar, no debería recubrir a la «monstruosidad» como la formula Derrida. Sin embargo esa es la tesitura de Sara Kofman en *Un philosophe "Unheimlich"*. La monstruosidad no se deja traducir fácilmente en lo siniestro; así como la negatividad tampoco, y sin más, en la negación (*Verneinung*) desplegada en el texto de Freud. Ambos conceptos —lo siniestro y la negación— tendrán que ser deconstruidos, lanzados a la *différance*, antes de ser operados en un nuevo contexto. Así se rompe cualquier anhelo de definitividad comparativa.

[125] Lo innombrable no es sólo —ni apenas— lo que no se puede nombrar o no alcanza a expresarse. Es, si pudiera serlo, una relación con la ausencia de huellas, lo que en cada

Samuel Beckett, o de los «espaciamientos silencio-
sos» que hacen a la heterogeneidad de las escrituras
y a la composición de las mismas: el injerto. Lógica del injerto, condición misma de la escritura, que
resiste (permanece) en ella y hace a su composibilidad. Actúa incesantemente en sus operaciones, sea
en eco, sea en un ejercicio de desocultamiento o en
una práctica que la asume rechazándola.

Hemos llegado justo a una de las embocaduras
del laberinto, donde en él se abocan la falsa entrada y la salida fallida. Ninguna otra cosa ha sido
esta introducción *de* Derrida. He retaceado cualquier crítica a las argumentaciones sobre la *diffé-*
rance-deconstrucción (una verdadera genealogía de
Europa), porque ella misma debería ser puesta entre paréntesis antes de ejercerla. Quizás en algún
otro texto, quizás a propósito de Marx. Tampoco
he mencionado, salvo alusivamente, la «política» y
el «politicismo» que conllevaría el desmontaje com-
pulsivo que (des)realiza la problemática derridiana.[126]

---

acción reproductiva o acto creativo, se llama (esa llamada
a la que no puedo sustraerme) *mi* muerte. De ese modo es
probable que algo nazca, y hasta pueda convertirse en una
obra, constantemente «abierta» por lo innombrable.

[126]En relación a la posición de una legión, anti y prode-
rridiana, que (des)ubica la acción política, situándola en un
extraterritorio académico o celestial, subraya Derrida en una
entrevista «Dicho esto, si el voluntarismo político me resulta

Más adelante habría que ser justo, sin prisas ni atolondramientos, con ella. Un «justo» que escapa a la moral y a la idea de justicia que proviene del derecho. Será, o debería ser, en el punto exacto, una puesta a punto de su pensamiento sobre tales cuestiones (amistad, justicia, perdón, guerra, mentira, instituciones, hospitalidad, lo fantasmático en política, etc.), que exceden cualquier marco jurídico u organizacional.

A lo largo del trabajo traté de hacer inimaginable un veloz proceso digestivo de la *différance* y la *deconstrucción*, tratando de que el pareado repicará siempre en la cadena de sustituciones donde tiene sentido, sin que ella tenga un adentro o un afuera, que sean diferentes (como lo es, por ej., la dualidad interno/externo) a los consignados por su propio movimiento. En éste, en una «lógica de

---

sospechoso, sobre todo cuando adquiere las formas arcaicas de una lógica de la representación, no menos sospechoso me resultan el anti-voluntarismo o la explotación inmovilista y confortable que puede hacerse de sus "buenas razones", así como la explotación mediante y suspensiva que puede hacerse (ardid de guerra, a veces, para combatir la necesidad de estos motivos y para volver a posiciones pre-críticas y reaccionarias) de los motivos de la *différance* o de lo indecible» (*Ja, o en la estacada*). Por otro lado no se puede olvidar que Derrida subraya, desde sus escritos más tempranos (p. ej, en *De la gramatología*), que el *logocentrismo* es una formación histórica inseparable del etrocentrismo occidental y de un proyecto colonialista.

doble-banda»,[127] se deshace la unidad de los nombres tocados por la gracia y los fenómenos mediáticos.[128]

De ahí que nuevos eslabones se van situando en la cadena, reemplazando, imantando, distribuyendo a los anteriores bajo diversas transfiguraciones —en un aquí y ahora inéditos, fuera de toda presencia— que este inquietante pensador apellidó «diseminación» y, en otro momento, «descelebración».

Es, un *es* sometido a tachadura, en la piel de este pensamiento monstruoso donde debemos inseminarlas, mezclando, llevando al límite, contaminando el origen y originalidad de un texto, una institución o una política, pues por simples que parezcan, son originariamente un entramado, una multiplicidad que es ignorada como tal.

Entonces, no habrá otro final para la *différance* que diferir consigo misma y con todos los intentos por colmarla. Su afán es de abismo. Ni habrá otro fin u objetivo para la *deconstrucción* que el sinfín que puede ofrecer en el acto de deconstruirse a sí

---

[127]La lógica moebiana, de doble-banda, que opera en los textos derridianos es «un efecto de *différance*».

[128]Por todas esas razones, que no se inscriben en «el orden de las razones», Derrida no piensa que *deconstrucción* «sea una palabra afortunada. Sobre todo, no es una palabra feliz» (*Psyché*).

misma, es decir, de romper la fascinación de convertirse en la ilusión —operativa y explicativa— por
fin alcanzada. Su utopía no puede ser coronada. Y
así ocurrirá con todos los relevos y desvelos.

Ahora sí, ese *sí* inteligente que Dioniso desliza
en la oreja de su novia Ariadna, un colofón para un
pensamiento que anunció su proyecto y su mayéuti-
ca, exiliando la de Sócrates. «Y digo estas palabras
con la mirada puesta, por cierto, en las operaciones del parto; pero también en aquellos que, en
una sociedad de la que no me excluyo, desvían sus
ojos ante lo todavía innombrable, que se anuncia,
y que sólo puede hacerlo, como resulta cada vez
que tiene lugar un nacimiento, bajo la especie de la
no-especie, bajo la forma informe, muda, infante y
terrorífica de la monstruosidad» (*La escritura y la
diferencia*).

Un pensador homónimo de su creación ha sido
parido.

SOBRE EL AUTOR

Juan Carlos De Brasi. Filósofo. Ensayista. Psicoanalista. Codirector del Espacio Psicoanalítico de Barcelona. Ex profesor de la Universidad de Buenos Aires (UBA 1991-1999). Profesor en distintas universidades e instituciones extranjeras. Investigador de la problemática institucional, grupal y de la subjetividad contemporánea. Codirector de la publicación *Lo Grupal* y colaborador en distintas publicaciones.

Algunos de sus ensayos publicados son: «Subjetividad, grupalidad, identificaciones»; «La monarquía causal»; «La explosión del sujeto. Acontecer de las masas y desfondamiento subjetivo en Freud»;[129] «La problemática de la subjetividad. Un ensayo, una conversación»;[130] «Ensayo sobre el pensamiento sutil. La cuestión de la causalidad. La causalidad en cuestión»;[131] «Apreciaciones sobre la violencia

---

[129]Nº. 2 de esta colección.
[130]Nº. 3 de esta colección.
[131]Nº. 4 de esta colección.

simbólica, la identidad y el poder»;[132] «Notas mínimas para una arqueología grupal»,[133] «Flechas de pensamientos. Verdinales y meditaciones»[134] y «Un tránsito por las sombras».[135]

[132] Nº. 1 de la colección *Cuadernos mínimos*.
[133] Nº. 2 de la colección *Cuadernos mínimos*.
[134] Nº. 7 de esta colección.
[135] Nº. 9 de esta colección, en preparación.

EPBCN EDICIONES

Colección Cuadernos Mínimos

1. Juan Carlos DE BRASI, *Apreciaciones sobre la violencia simbólica, la identidad y el poder.*
2. Juan Carlos DE BRASI, *Notas mínimas para una arqueología grupal.*
3. María del Mar MARTÍN, *La piel del alma. Sobre la traición.*

Colección Aperturas

1. Josep Maria BLASCO, *Estrategias imperiales.*
2. Juan Carlos DE BRASI, *La explosión del sujeto. Acontecer de las masas y desfondamiento subjetivo en Freud.*
3. Juan Carlos DE BRASI, *La problemática de la subjetividad. Un ensayo, una conversación.*
4. Juan Carlos DE BRASI, *Ensayo sobre el pensamiento sutil. La cuestión de la causalidad. La causalidad en cuestión.*
5. Juan Carlos DE BRASI, *Elogio del pensamiento.*
6. Gabriela CARDACI, *Lo grupal como intervención crítica. Sobre la publicación* Lo Grupal *en la Argentina (1983-1993).*
7. Juan Carlos DE BRASI, *Flechas de pensamientos. Verdinales y meditaciones.*
8. Irene MARTÍN, *De Eros a Narciso. Tres lecturas sobre el deseo: Platon, Freud y Han.*

Colección Intempestivas

1. Enric BOADA (con la colaboración de Josep Maria Blasco, Carlos Carbonell y María del Mar Martín), *¿Imbéciles para siempre? Parar, inspirar y recrear el mundo.* Edición preliminar.

Colección Aula Abierta

1. Josep Maria BLASCO (con la colaboración de Carlos Carbonell), *Curso de introducción al psicoanálisis I. La interpretación de los sueños. La enseñanza del psicoanálisis. Los actos fallidos.*

www.ingramcontent.com/pod-product-compliance
Lightning Source LLC
Chambersburg PA
CBHW030423290526
45786CB00001B/107